书香中国 全民阅读推广丛书〔第二辑〕
朱永新 徐雁 ◎主编

分级阅读

读 物 提 升 幸 福

尹士亮 李海燕 王成玥 蒋小峰 ◎ 著

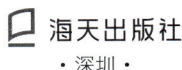 海天出版社
·深圳·

图书在版编目（CIP）数据

分级阅读：读物提升幸福 / 尹士亮等著. —深圳：
海天出版社，2020.1

（书香中国·全民阅读推广丛书 / 朱永新，徐雁主
编. 第二辑）

ISBN 978-7-5507-2776-2

Ⅰ. ①分… Ⅱ. ①尹… Ⅲ. ①读书活动—研究—中国
Ⅳ. ①G252.17

中国版本图书馆CIP数据核字(2019)第216705号

分级阅读：读物提升幸福
FENJI YUEDU: DUWU TISHENG XINGFU

出 品 人	聂雄前
出 版 策 划	于志斌
项目负责人	孙 艳
责 任 编 辑	曾韬荔
责 任 技 编	梁立新
封 面 设 计	知行格致

出 版 发 行	海天出版社
地　　　址	深圳市彩田南路海天综合大厦（518033）
网　　　址	www.htph.com.cn
订 购 电 话	0755-83460293（邮购、团购）
设 计 制 作	深圳市龙墨文化传播有限公司（电话：0755-83461000）
印　　　刷	深圳市希望印务有限公司
开　　　本	787mm×1092mm　1/16
印　　　张	16.25
字　　　数	250千
版　　　次	2020年1月第1版
印　　　次	2020年1月第1次
定　　　价	70.00元

我心目中理想的"书香社会"

◎ 朱永新

　　人们都在说"倡导全民阅读，建设书香社会"。那么，所谓"书香社会"到底应该是什么模样呢？阿根廷国家图书馆前馆长、著名文学家博尔赫斯说过："如果有天堂，天堂应该是图书馆的模样！"既然天堂的模样就是图书馆的模样，那么也该是"书香社会"的模样了。不过，"天堂"终究是一个抽象概念，实在地说，我心目中的"书香社会"，一定是一个全民阅读的社会，它至少该有以下四个方面的特征：第一，人人溢书香；第二，处处有书香；第三，时时闻书香；第四，好书飘书香。用这四个标准，大致可以来评估一个地方、一个社区乃至一个社会，究竟是不是"书香社会"。

一、人人溢书香

　　全民阅读，从书香家庭到书香社区，从书香学校到书香机关，从书香企业到书香乡村……它应该是全方位，涉及所有人群的。从群体来说，重点有三个方面，即领导、教师与儿童。所以，领导带头读、亲子共读与师生共读，在全民阅读中具有特别重要的作用。

　　第一，书卷气也是领导力。作为领导人来说，阅读是非常重要的，它是领导能力的重要构成部分。衡量一个领导，最重要的就是他的思维能力和决策能力，是他的视野与胸怀。这些能力从哪里来？最重要的是从阅读中来。

当然，领导干部带头读书不仅仅是为了胜任工作。陶行知先生说，人生为一大事来。我把这"大事"理解为"看风景"。人类有两种风景：自然的风景和精神的风景。"行万里路"，是为了看自然的风景；"读万卷书"，是为了看精神的风景。自然的风景是有限的，精神的风景却是没有边际的，这才是无限风光的顶峰。如果静心想想就能发现，在温饱的基础上，人们所追求的一切幸福，归根结底都是为了精神上的幸福。领导干部读书，可以帮助他们拥有宁静的心态、从容的心情、理智的头脑、开放的胸怀，拥有这些无限的精神财富，也就拥有了更为丰富和幸福的人生。

领导干部读书，不仅仅是为了胜任工作，也是为了让自己的人生丰富多彩。领导干部阅读不仅能够有助于科学决策，本身也能率先垂范，引领风尚。领导干部读书有一个特别的作用——对社会有示范作用，上有所行，下有所效。领导干部在讲话里引用什么书，他正在读什么，会从相当程度上影响到一个部门甚至一个城市的阅读风气。从"学习型政党"到"学习型社会"，正体现了这样的示范与推动。

第二，教师要读书。要有教育智慧，没有教育的情怀是成为不了好老师的，而这些都需要通过阅读来获得。在你教室里发生的故事，在其他教室里早就发生过了。人类数千年积累的文明智慧，就在伟大的书里，这些伟大的书就在图书馆里。教师要读书，这是"书香社会"建设中的关键人群，关键人群抓好了，整个社会的推动力就会很强。

教师读书不仅是寻求教育思想的营养，教育智慧的源头，也是情感与意志的冲击与交流。从过去的教育家的著作中，教师可以学习的东西很多。有心的教师会认真阅读教育的重要文献，认真学习不同时代教育家的人生理想与人格力量。读书会让我们的教师更加善于思考，远离浮躁，从而让我们的教师更加有教育的智慧，让我们的教育更加美丽。

在当今社会，教师阅读能够让教育行为更科学，更能够带动孩子阅读。孩子怎么读书？就像群众看领导一样，孩子看老师。有一个爱读书的老师，才会有一群爱读书的孩子，才能帮助孩子真正养成阅读的兴趣和习惯。阅读不仅仅是语文老师的事情，也是所有学科老师的事情。科学、人文、艺术等学科，如果没有爱阅读的教师，永远培养不出爱阅读的学生。阅读正是让教师们站在大师的肩膀上前行的有效途径。

第三，青少年阅读直接影响着未来的"书香社会"建设。一个人一生阅读的种子，可能是在青少年时期才能真正扎根。我曾经讲过两句话："童年的秘密我们远远没有发现，童书的价值我们远远没有认识。"我到过全国很多图书馆，到图书馆以后，首先关注的就是少儿图书馆。不管哪个图书馆，它都必须高度重视青少年的阅读，尤其是儿童阅读。

人在 14 岁以前的阅读体验，对孩子的成长也是至关重要的。人生以后的历程，只不过是前面 14 年所阅读的东西的展开。事实上，孩子长大以后，是用 14 岁以前所阅读的东西、所体验的东西、所经历的东西，用从书本当中获得的基本价值观，用感恩、慈善、友爱等这些最伟大的观念和知识在建设未来。

儿童阅读到底具有什么样的价值？惠特曼说过，有一个孩子每天向前走去，他最初看见并且感受到了什么，他就会成为什么，他的所见所感成了他生命的一部分。这说明早期的阅读对一个人的影响是刻骨铭心的。格林在《童年的消逝》一书中也说过，或许只有童年读的书，才会对人生产生深刻的影响。孩提时，所有的书都是"预言书"，告诉我们有关未来的种种。

从人生前 14 年所读的书中，我们获得激励与启示。人生前 14 年阅读的书，将会对人生产生重要的影响，所以应该让阅读的种子在青少年时期扎根，在青少年时期产生精神的饥饿感，养成阅读的兴趣与习惯。

二、处处有书香

"书香社会"应该是阅读非常便利的社会。政府应该为全民提供良好的阅读条件，在社区、学校、城市、乡村建设合格的图书馆。公共图书馆具备优质的服务体系，人们随时随地可以读书、借书，良好的阅读条件与阅读设施，可以为人们阅读提供最大的便捷。

一个城市的中心图书馆，就是所在城市的"精神会客厅"。对于一个城市来说，公共图书馆是保存、保护和弘扬地方文化，为当地读者提供方便快捷的公共文化服务的场所。一个城市有没有文化品位，这个温馨的"精神会客厅"很重要。

随着社会的发展，不仅要有社区图书馆，还要有民间的阅读空间，生活在社区中的居民要如何才能便捷地获得书，图书馆又该如何跟社区联动、互动？这些都是值得思考的问题。社区图书馆是人们的"精神驿站"，如果能够与藏书丰富的市级图书馆有效合作，流动方便，会更加有利于"书香社会"形成。

实体书店是一个城市的精神风景线。一个城市、一个区域有没有书店，这是建设"书香社会"最基本的条件。今后我们要评估"书香城市"，衡量是不是"书香社区"，首先要看这个地方有没有好的书店，买书是否方便。一个城市有没有文化，有没有品位，在于这座城市有没有一些上档次的、够水准的书店。实体书店在一定程度上也是"精神家园"之一，爱书的人可以在这里聚集。无论时代怎么变，我都希望实体书店能保留自己的人文特色，成为所在城市的风景线。

家庭是社会的细胞，阅读习惯和阅读风气必须从家庭开始传承。我们在推广"书香校园"建设的过程中发现，要建设"书香校园"，"书香家庭"的营造非常关键。有爱读书的父亲，有爱读书的母亲，常常就会有爱读书的孩子。这样的孩子上学以后，他对阅读的兴趣，他的阅读习惯与阅读能力已经初步形成了，这就为学校推广阅读打下了坚实的基础。

韩国在 20 世纪 50 年代，曾经发起"以书柜代替酒柜"的运动。韩国在经济起飞之后，许多富裕的家庭都拥有了酒柜，但没有书柜，于是有了这个口号。我一直梦想着，有一天中国所有的家庭至少有一个书柜，让"书香门第"成为中国永远的传统。什么叫"书香门第"？中国古代的书都是如传家宝一般，代代相传。父亲喜欢什么样的书，传递给孩子，父子间就有了共同语言，所以家庭阅读很重要。

我们的"新教育学校"要求所有孩子都要为自己建一个图书架，在不断阅读的过程中慢慢增加一些书。拥有更多书籍的孩子，就如拥有了一个小图书馆。孩子如果有了永远属于自己的书，等他老的时候还会如数家珍，娓娓道来，作为传家宝一般传授给他的孩子。

"留守儿童"在没有人陪伴的时候，好书应该是陪伴他们最好的朋友。如果有一批温馨的童书伴随他们成长，那孩子们便能获得一点精神的慰藉。书虽然代替不了妈妈，但是书可以成为他的好伙伴。

学生的精神世界如何，在很大程度上与他们的阅读生活有关。学校图书馆就是青少年的精神食堂，食堂的环境和饭菜的质量，直接影响着学生们的成长。我希望有关部门能够建立科学的中国中小学图书馆基本配置，这是保障我们国家青少年健康成长的基本精神营养。希望有关专家和部门携起手来一起做这件事，为书香飘逸校园尽一份力。

尽管现在很多单位的图书馆（阅览室）已经取消了，但我还是主张每个单位要有图书馆（阅览室），它们可以在工作之余成为员工们的"精神加油站"。

现在各地为客房提供书籍的宾馆越来越多，其关键在于如何选书。宾馆客房里要设置小书架，要有一二十本好书和新书。如果有一个城市用心去做好这件事，那么，这个城市南来北往的宾馆，完全可以成为流动的"精神驿站"。

"农家书屋"，应该建设成为乡村的"精神驿站"。我建议应该把"农家书屋"与乡村小学相结合，把书屋建到村小里。让村小的孩子有书读，多读书，读好书。

三、时时闻书香

作为阅读的主体，我们每个人应利用一切可能的时间读书。要想找到读书的时间，首先在思想上，必须真正把阅读当作最重要的事情。我自己的体会是，一天再忙也要挤出 20 分钟读下书，即使是儿童图书。

自来水是压出来的，时间是挤出来的。时间抓起来就是黄金，抓不起来就是流水。要想有时间读书，学会利用零碎时间也非常重要。欧阳修有所谓"三上"读书之说，是很重要的经验之谈。其"马背上"，相当于如今的在坐车旅途中阅读；"枕头上"，也就是睡前阅读；至于"厕座上"，是利用在卫生间如厕的时间阅读。

媒体在阅读推广中具有不可替代的重要作用，应该尽可能把黄金时间留给阅读。现在的媒体是 24 小时不间断的，过去人们在灯光下阅读的时间被电视等媒体占用了。希望电视台把更多的"黄金时段"用来推荐好的诗篇，好的散文，好的书籍。国际上很多著名的媒体机构，报纸、杂志、电视、电台都是把"黄金时段"留给读书的，也因而形成了一批"独立书评人"，通过他们与大众进行对话，让更多的好书为人们所熟悉，也因此熏陶出一批真正爱书的人。

节假日是读书的大好时段。既要看好山丽水，更要读好书佳作。我们生活在两个世界，一个是物质世界，有好山丽水；一个是精神世界，有好书佳作。人生有两道风景，好书佳作的风景，绝不亚于好山丽水的风景。"行万里路"，是为了看好山丽水；"读万卷书"，是为了看好书佳作。两者相辅相成，都可以给我们的心灵以滋养。

自 2003 年起，我一直在各种场合呼吁要设立"国家阅读节"，在全社会营造良好的阅读氛围，唤醒国民的阅读意识，让阅读变成我们中国人的一种日常生活方式，共同把阅读进行到底。

四、好书飘书香

"书香社会"，是一个品质阅读的社会。

如今出版物鱼龙混杂，图书浩如烟海，好书难以追寻，因此"读什么"的问题，已经上升到比阅读本身更重要的位置。正是基于这一现状，我们专门成立了"新阅读研究所"，为幼儿、小学生、初中生、高中生、大学生、父母、教师、企业家、领导人与公务员等不同的人群分别选择阅读书目。

近年来，我们一直在做对应幼儿、小学生、初中生、高中生、大学生、教师、父母、企业家、领导干部的基础阅读书目，有的还正式出版了"导赏手册"。每种书目保持 100 本的基础，我相信这是最好的书目。因为我们会很用心为大家去选，庞大的专家团队会对每本书进行认真研究。

毋庸讳言，当前的"书香社会"建设还存在一些问题：一是人们的思想认识和觉悟还没有到位，没能形成"共识"和"合力"；二是各级政府公共财政投入的资金支持不到位；三是各地围绕"书香社会"组织旳一些活动还流于形式。因此，我们应该从如下几个方面来解决：中央和地方政府要大力推动，社会各界要积极参与，还应该成立全民阅读推广的专业机构，如中国阅读学会等，已有的中国图书馆学会阅读推广委员会等组织要积极引领，还要发挥民间阅读组织的作用。

总之，"书香社会"的形成是一个系统工程，需要全社会的共同推动。由"书香家庭"和"书香校园"奠定社会的基础，由图书馆系统作为"书香社会"的枢纽，由媒体积极推广优良读物，发挥好领导干部、教师、家长的关键性作用，共同在儿童和青少年阅读上下功夫，就一定能够逐步推进整个社会的书香构建。

"书香中国·全民阅读推广丛书"（第一辑），是由现任国务院参事室参事王京生先生与中国阅读学研究会名誉会长、南京大学博士生导师徐雁教授共同主编的，于2017年4月在海天出版社出版。具体包括四种，即《书香社会：全民阅读导论》（周燕妮、聂凌睿、马德静编著）、《书香传家：家庭阅读指南》（万宇、周晓舟、李海燕、曹娟编著）、《书香满园：校园阅读推广》（钱军、蔡思明、张思瑶编著）、《书香在线：数字阅读导航》（陈亮、连朝曦、张婷编著）。

为此，我很乐意与徐雁教授联名主编"书香中国·全民阅读推广丛书"的第二辑。本辑共有六种：《分级阅读：读物提升幸福》（尹士亮、李海燕、王成玥、蒋小峰著）、《分众阅读：读物给养头脑》（万宇、王奕著）、《分类阅读：读物优化气质》（周燕妮、唐曦、石莹、王碧蓉编著）、《分时阅读：读物愉悦性情》（蔡思明、江少莉、陈欣、章笑笑编著）、《分地阅读：读物联通文脉》（凌冬梅、郑闯辉、朱琳、林肖锦编著）、《分校阅读：读物增益才华》（徐雁、张思瑶、张麒麟、冯展君编著）。每一部书稿，都在20万字左右。

"书香中国·全民阅读推广丛书"（第二辑）的编著者以"分级""分众""分类""分时""分地"及"分校"的理念，从不同的视角、不同的层面，共同关切着读物对于读者的心智影响，从而在不同程度上深化了全民阅读的基本理念，细化了全民阅读推广的具体方法。书中还通过总结各级各类图书馆的阅读推广经验，具体解析各有特色的阅读推广案例，充实和丰富了阅读文化学的内涵，相信在问世之后，会受到广大图书馆读者和全民阅读界人士的欢迎。

我期待着海天出版社坚持多年的包括"书香中国·全民阅读推广丛书"在内的书香品牌，能够可持续地组稿编辑、出版发行下去，为促进"全民阅读"，建设"学习型社会"，源源不断地提供优良的读物和精粹的精神食粮。

我们期待着"书香中国·全民阅读推广丛书"（第二辑），能够对"促进全民阅读，建设学习型社会"的进程有所贡献，更期待着读者们的批评和教正。

（作者系全国政协常务委员兼副秘书长、中国民主促进会中央委员会副主席）

绪 论

一、阅读的旨趣

"读书之乐乐何如，绿满窗前草不除"（翁森《四时读书乐》），"至哉天下乐，终日在几案"（欧阳修《读书》），"书卷多情似故人，晨昏忧乐每相亲"（于谦《观书》）……从前，读书贯穿读书人的一生，是功名的博取，智慧的习得，传家的利器，也是人生的至乐，在中国古典社会占据着非常重要的地位，成就了浪漫、感人、百转千回的书文化情结。

延宕至今，人类前所未有地拥有了大量的书籍，也拥有了丰富多彩的休闲形式，阅读成为许许多多休闲活动中的一种。在这样的背景下，有人做出判断，"阅读在我们社会里只不过是一种附带的活动"[1]。不可否认，在现代社会，长时间专注于某一件事与快速转换的节奏似乎是对立的，人们越来越需要快速响应。这不仅仅是阅读的问题。快节奏的生活使得远离阅读成为一种趋势，阅读率的下降成为多个国家的共同现象。阅读不再重要了吗？

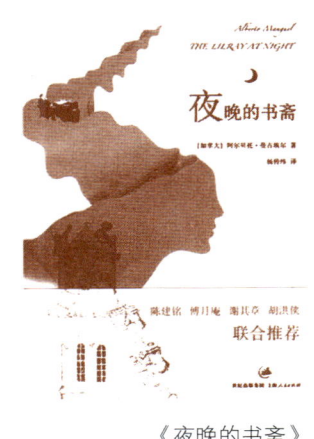

《夜晚的书斋》

---

① ［加］阿尔贝托·曼古埃尔.夜晚的书斋［M］.杨传纬，译.上海：上海人民出版社，2008：203.

《夏丏尊文集》

阅读会成为人们的怀旧活动之一吗？

教育家夏丏尊于 1935 年 12 月 10 日在广播电台发表的演讲《阅读什么》当中说道："让我在未讲到正文以前，先发一句荒唐的议论，我以为书这东西是有消灭的一天的。"夏丏尊的演讲主旨是讲阅读，一上来却说书也许会消亡，他自己说，"这番议论好像有些荒唐，文不对题。其实我的意思只是想借此破除许多读书的错误观念"①。如果概括夏丏尊的阅读观，那就是书本在当时而言是最普遍、最经济的求知方法，但读书并非求知识的唯一路径。如果夏公知道如今求知利器铺天盖地，正如他所预料的，阅读正在人们的生活中逐渐被边缘化，不知道会作何感想，但不能不说，基于时代、自身及所针对的对象，说出这番话是不难理解的，他的阅读观是开阔和宽容的。

加拿大学者阿尔贝托·曼古埃尔（Alberto Manguel）则认为，阅读是对各种符号的阅读，他说："我们每个人都阅读自身及周遭的世界，俾以稍得了解自身与所处。我们阅读以求了解或是开窍。我们不得不阅读。阅读，几乎就如同呼吸一般，是我们的基本功能。"

说到这里，阅读究竟是什么。

这里引两种为例。《中国大百科全书》第二版给阅读下的定义是"从文字、符号、公式、图表等书面材料中获取信息的过程。人的知识，特别是间接知识，大部分都是通过阅读得到的，因此，阅读能力是一个人文化水平的重要标志"。这主要从阅读的作用来定义。王余光、徐雁主编的《中国阅读大辞典》中认为，阅读是大脑接受外界，包括文字、图表、公式等各种信息，并通过大脑进行吸取、加工以理解符号所代表的意思的过程。②这主要从阅读的过程来定义。

---

① 夏丏尊.夏丏尊谈教育［M］.沈阳：辽宁人民出版社，2015：55.

② 王余光，徐雁.中国阅读大辞典［M］.南京：南京大学出版社，2016：421.

阅读有广义和狭义之分，根据阅读的对象，广义可包括自然和人类社会的一切，天地万物皆可阅读，狭义则是文本知识信息。根据阅读的内容和阅读者的不同，阅读具有多种层次及多样旨趣，包括思考和灵魂、情感和生命、资讯和生活、娱乐和愉悦等。阅读可以触及灵魂，但并不是每时每刻的阅读都是这样；阅读也在于获得情感的慰藉，获得资讯，关注生活，成为娱乐和愉悦的方式；阅读的面目既可以是有趣的，也可以是严肃的；阅读既可以是生活方式，也可以是生活的有益组成。

《中国阅读大辞典》

美国文化学者珍妮丝·拉德威（Janice Radway）在《阅读罗曼史》（*Reading the Romance*）一书中，通过针对一群女性爱情小说读者的实证研究，探索了某种文学体裁被制造、被特定人群阅读，最终融入现代文化的过程。

拉德威询问读者为什么阅读爱情小说，得到了以下回答：

逃避现实生活中的问题。

知晓发生在过去或遥远国度的故事。

消遣。

幻想拥有女主人公般的爱情。

留一点时间给自己。

和强壮的、富有男子气概的男主人公一起冒险。

想读不是那么悲伤的、抑郁的故事。①

需要注意的是，这些阅读的不同，既需要区别，也需要公平对待。同一个阅读者因为年龄、经历、环境的不同会产生多样的旨趣、目标、对阅读的认知，何况是不同的阅读者。希冀更多的阅读者能够对自己有所要求，找到适合自己的阅读路径。

---

① ［美］阿瑟·伯格.理解媒介［M］.秦洁，译.北京：清华大学出版社，2013：39.

同时，也要看到，阅读不是万能药。伽利略（Galileo Galilei）明确地提出，一个人总是为其他人的著作焦虑不已，而从不在探索人世已知的真理和无数有待发现的事物时抬起自己的眼睛来读自然界这部大书，他就永远不能成为一个哲学家。近代以来，很多学者对阅读进行了反思。孙福熙从生活的一面认为："中国人把读书看得太苦亦太尊贵了，于是与世界事务脱离了关系。"①

人类的学识和思想可以从两个方面来，一是从自身的实践，二是从前人的实践。阅读是了解前人知识和实践的最系统和便利的方式，是人类重要的认识活动，是文化保存和传播的根本途径。阿尔贝托·曼古埃尔认为，在文字社会中，学习阅读算是一道入会仪式，一个告别依赖于不成熟沟通的通关仪式。作家李霁野说："书将人的生活方式和态度根本改变，是常有的例子。反之，生活的经验越丰富，读书的欣赏和理解力也就越深广，也就越能领略书中的真味。所以读书与生活是相辅相成的，必须两者并进，才可以达到佳境。光读书而无生活，只尝到间接的经验，和吃嚼过的饭差不多；光生活而不读书，却势必空虚，狭小。"②

现在我们回到阅读在现代社会中是否重要的问题。阅读是后天习得的行为之一，是通过学习和实践获得的技能和习惯。通过阅读，人们可以迅速汲取人类几千年进化所积累的知识，吸取人类思想的精华，对未知世界和领域的探索，不必事事从头开始；可以冲破时空的局限，开阔视野；可以更具智慧，增强生活中的理性的洞察力，也更具核心竞争力。

正是因为身处现代社会，阅读变得愈发重要。社会要求人们多途径地认识世界，信息的层次和结构、广度和深度使得人们存在的状态是如此的不同，这些差异丝丝缕缕地渗入生活的每个角落，却被巨大的生存压力和五光十色的世界所掩盖。在这样的背景下，阅读并非可有可无，不论穷富，不问背景，有益的阅读贯穿生活，人生会趋向于饱满结实，在面临挫折和沮丧、机遇和挑战、落差和变化

---

① 孙福熙. 读书并非黄金 // 杨承运，肖东发. 北大学者谈读书［M］. 北京：北京图书馆出版社，2000：91.

② 李霁野. 读书与生活 // 田仲济，蒋心焕. 中国新文艺大系（1937–1949）散文杂文集［M］. 北京：中国文联出版公司，1996：597.

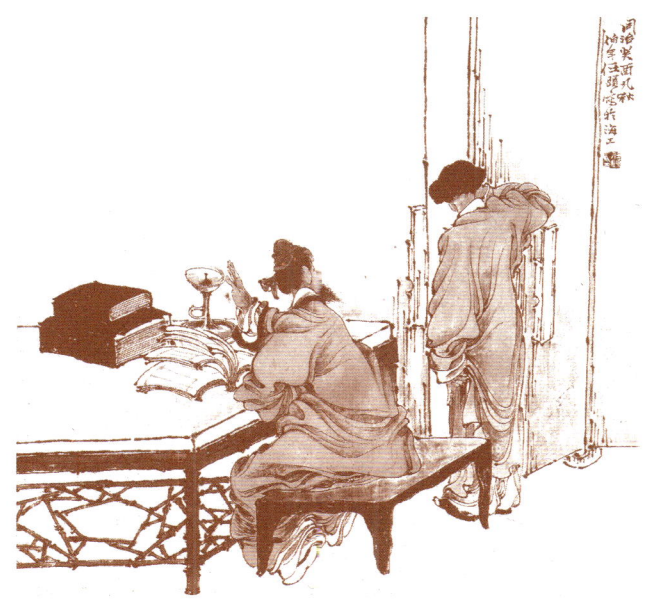

任伯年《挑灯夜读图》

的时候，也更有从容不迫、游刃有余的可能。人类的阅读，总是可以在生活中得到另一面的彰显。

无论是夏丏尊，还是阿尔贝托·曼古埃尔，他们的阅读观不一样，但有一点是共同的：阅读的重要性。跟他们一样，读者无论抱着怎么样的阅读观，都该亲身去践行阅读：一、通过阅读习得几千年积累的知识精华，作用于心灵，这是其之所以重要的关键；二、阅读很重要，但人生更重要，读进去，更要读出来；三、书不在多，在于读得紧要、读得对口。在当今时代，做个持续的读者并不容易，但应该记住，人人都是阅读者，这是一个有吸引力的称号。

二、儿童早期阅读

早期阅读是家庭及相关机构将适合学前儿童阅读的材料，如绘本、童谣等提供给儿童，主要通过亲子共读的方式，从视觉、听觉、触觉等多种感觉导引，儿童通过观察、记忆、表达、思维、游戏等方式开展，对生理、认知、语言、情绪等方面发展产生综合作用的活动。早期阅读是孩子亲近书本和享受阅读的开始，是阅读兴趣的培养，是亲子关系的融合，也为读写能力打下坚实基础。

玛利亚·鲁宾逊（Maria Robinson）认为，只有让儿童有恰当并适时的早期经历，儿童早期的各种技能和能力才会有许多明显的变化，并且逐渐复杂化。[①]刺激丰富的家庭环境不仅有利于各个种族和阶层的儿童获得好成绩，也会促进他们的内部成就取向——一种寻求和征服挑战的意志，以满足个人对能力和控制感的需求。[②]早期阅读就是非常恰当并适时的早期经历之一。

阅读能力起源于婴儿期多种经验和感觉。聆听并参与他人的言语互动，熟悉环境中语言的音调和韵律，观察养育者的面部表情，以及对感兴趣事物的视觉注视，为阅读的发展打下了基础。婴儿的大脑具有高度的可塑性；新生儿喜欢看有图案的刺激物，如面孔或同心圆[③]；儿童察觉并分辨图案的能力是天生的；在生命的早期，婴儿也表现出对声音的密切注意；2岁之前，满足、愤怒等基本情绪和尴尬、内疚等复杂情绪都会出现；5岁之前，儿童能够使用母语绝大部分的语法结构。这些都构成了早期阅读的可能性。

基于阅读能力始于婴儿期的认识，语言和阅读发展的研究者认为婴儿享受与父母或养育者共同进行哼唱、躲猫猫、拍手游戏及阅读宝宝读物的过程，并从中获益。以温柔的、饱含丰富韵律的音调讲述故事或哼唱歌谣对婴儿而言是一种丰

---

① ［英］玛利亚·鲁宾逊.0—8岁儿童的脑、认知发展与教育［M］.李燕芳，等，译.上海：上海教育出版社，2013：13.

② ［美］David R. Shaffer, Katherine Kipp.发展心理学［M］.邹泓，等，译.北京：中国轻工业出版社，2013：443.

③ 20世纪60年代，罗伯特·范兹（Robert Fantz）利用视觉偏好法研究出生不久的婴儿能否分辨不同的视觉图案（面孔、同心圆、报纸和没有图案的盘子等），实验表明，新生儿能够轻松地分辨视觉图案（或察觉视觉图案的不同），相对于没有图案的盘子，他们更喜欢看有图案的刺激物，如面孔或同心圆。

富的、享受的听觉刺激和认知体验，有利于提高他们对口语和书籍的兴趣。①

早期阅读是儿童接触书面语言的形式和运用的机会，是儿童发展语言和元语言能力的机会，是儿童掌握词汇构成和文字表征的机会，同时也是儿童发展学习读写的倾向态度的机会。②早期阅读是儿童终身学习的基础。阅读加强儿童的专注力、发现力、理解力和记忆力，因果、想象、联系的能力得以建立，探索语言的节奏和韵律，使儿童学会表达和沟通。阅读数学启蒙、科学普及等书籍能够为儿童带来认知和信息。

阅读是儿童对自我的认知，在阅读当中，儿童的情绪得到认同、排解；儿童对图画和声音有着天然的兴趣，潜移默化地感受艺术，带来舒适和愉悦，他们会开始形成热爱书籍和阅读的动机。利用操作类的书进行游戏也是促进儿童发展和成长的有效方式，阅读的安静时光和游戏互动使得亲子之间的陪伴张弛有度，使得童年充满了滋养，这种安全感和依恋是不可替代的。阅读对于儿童的童年生活甚至是一生的生活都非常关键。

值得一提的是，我们知道，男孩的活动水平较女孩高，自母亲受孕起，男孩对孕期和成长中各种危险和疾病更为敏感，也更容易出现阅读障碍、多动、情绪障碍等发展问题。虽然男孩在阅读上的优势不如女孩明显，但阅读对于男孩的重要性也是不言而喻的。

我们在早期阅读中，需要注意的是，不要将阅读模式化，更不要完全以学习为导向，不要将识字作为目标。儿童识字的敏感期有早有晚，不要把阅读变成无趣的识字训练，当然如果到了识字敏感期，在阅读时可以进行指认。另外，在阅读的过程中，家长都会和孩子交流，但是不恰当的交流迎来的只能是沉默或者是抗拒。家长应当引导儿童说出自己的想法，多表达，帮助儿童完善，根据故事具体地去讨论。早期阅读的开展越早越好，但什么时候开始都不算晚，只是吸引年

① ［美］唐娜·威特默，桑德拉·彼得森，玛格丽特·帕克特.儿童心理学：0—8岁儿童的成长［M］.何洁，金心怡，李竺芸，译.北京：机械工业出版社，2014：174.
② 周兢.早期阅读发展与教育研究［M］.北京：教育科学出版社，2007：6.

长儿童的兴趣变得没有那么容易。每个儿童都会有自己的阅读兴趣所在，如果家长能够在早期为儿童种下阅读的小树苗，阅读的路径会更加广阔和深远。

对于儿童来说，读到一本好书，是一种特殊的体验。愉快地享受了阅读经验的儿童在此过程中得以成长，而他个体的身份也注入了某些新的内容。现在的他将更容易接受新的理念与印象，这一切都将照亮他接下来的全新历程。他获得了某种持久永恒的东西，没有谁能将它夺走。①

---

① ［加］李利安·H.史密斯.欢欣岁月［M］.梅思繁，译.长沙：湖南少年儿童出版社，2014：6.

第一章

多学科视角中的阅读研究简述

阅读眼动研究

读者理论

阅读模式研究

阅读的脑

汉文阅读学

读者服务与阅读推广研究

　　眼动研究是心理学领域进行阅读研究的一种重要方法，指被试阅读时，用眼动仪记录被试阅读时的眼动轨迹，获得阅读数据，如注视位置、注视时间、注视次数、回视、眼跳等，通过这些眼动数据研究阅读。

　　西方关于阅读的眼动研究分为三个时期。第一个时期即阅读眼动研究的初始时期（19 世纪 70 年代末—20 世纪 20 年代），发现了阅读中眼动的一些特征，如眼跳抑制、眼跳的潜伏期和知觉广度等；第二个时期，是阅读眼动研究的停滞期（20 世纪 20 年代—20 世纪 60 年代末），这一时期，由于行为主义思潮盛行，否认研究人的认知过程，认为个体阅读的眼动过程不能反映阅读的认知加工过程，因此阅读眼动研究做得很少；第三个时期是阅读眼动研究的发展时期（20 世纪 70 年代至今），以眼动记录系统的改进为主要特点，一方面详细研究了各种眼动轨迹系统的特征，另一方面对眼动资料的分析方法有较大的改进，尤其是眼动轨迹系统与实验室计算机联合起来，能收集和分析大量的数据，使眼动记录能较好地推测阅读的信息加工过程。[①]汉语阅读的眼动研究历史大概也可以分为三个阶段：从 20 世纪 20 年代到 30 年代为第一阶段，20 世纪 40 年代到 70 年代为第二阶段，20 世纪 80 年代至今为第三阶段。[②]

　　1879 年，法国教授路易斯·埃米尔·雅瓦尔（Louis Émile Javal）观察儿童在阅读时的眼球运动，发现眼睛并不是平滑地移动，而是在某个文字上短暂停留，再迅速地移动到下一个文字上，直到读完一行，才会移至下一行文字的起始位置。眼动会受到内在语言处理过程的影响，打破早期研究者认为阅读时的眼球

---

① 张金桥 . 西方关于阅读的眼动研究［J］. 暨南大学华文学院学报，2003（4）：73-78.
② 高晓妹 . 汉语儿童图画书阅读眼动研究［D］. 华东师范大学，2009.

运动不受认知因素影响的想法，为后来用眼动探讨阅读的认知历程提供了重要的基石。[1]

研究者通过研究得出不同年龄段阅读时的基本眼动水平，发现 2—3 岁幼儿在阅读喜爱的图画书时，能够保持较高的注意力水平，注意力集中在图画书上的时间超过了阅读总时间的 85%，部分幼儿几乎一直将注意力集中在阅读图画书页面上。[2]随着年龄增长，眼动水平明显提升。这就为儿童阅读提供了科学依据。但是，眼动实验通常揭示的是第一次阅读时的情景，而阅读，特别是儿童的阅读，是重复的。同时，因为研究者采用不同的实验典范，提出的研究假设各不相同，所得到的研究结果也有很大的差异。

[1] 汪劲安. 以眼动抑制研究探讨阅读过程中的注意力与眼球运动的关系 [D]. 阳明大学生命科学院神经科学研究所, 2004.

[2] 孙方方. 2—3 岁婴幼儿在成人伴读情境下阅读不同图画书眼动特征比较 [D]. 华东师范大学, 2011.

第二节 读者理论

二十世纪六七十年代，德国康斯坦茨学派的伍尔夫冈·伊瑟尔（Wolfgang Iser）和汉斯·罗伯特·尧斯（Hans Robert Jauss），美国的斯坦利·费什（Stanley Fish）、罗曼·霍兰德（Roman Holland），法国的罗兰·巴特（Roland Barthes）等汲取当代阐释学精华，提出各种令人耳目一新的读者理论。

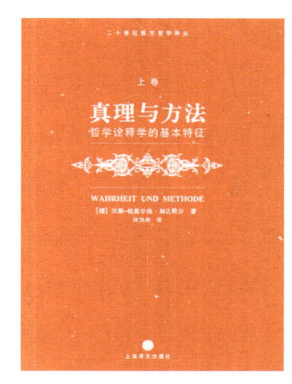

《真理与方法》

以1960年汉斯–格奥尔格·加达默尔（Hans-Georg Gadamer）的《真理与方法》（*Truth and Method*）问世为标志，阐释学在当时的欧洲成为显学。伍尔夫冈·伊瑟尔受加达默尔点化，浸淫于对话诠释学，他在《隐含的读者》（*Implied Reader*）中提出读者反应理论。

从人们结绳记事、刻画符号开始，阅读者就诞生了。在和书写的关系中，读者的角色从来就不是被动的。读者是文本意义的解读者、重组者、参与者和评判者。伍尔夫冈·伊瑟尔认为，意义来自于文本与读者的互动。①伊瑟尔将研究的目光转移到读者身上，建构起文本与读者双向作用的阅读理论，并提出了文学阅读的人类学根源，即文学虚构为人类提供了一种呈现并超越自我的方式，从而将阅读理论提升到文学人类学的哲学维度。②

---

① ［英］戴维·芬克尔斯坦，阿里斯泰尔·麦克利里. 书史导论［M］. 何朝晖，译. 北京：商务印书馆，2012：189.

② 崔妮. 论伊瑟尔的阅读理论及其深化［D］. 西北大学，2010.

阅读允许存在不确定性和差异性的解释。意义可以是源于文本的读者的创造，而不仅仅是由文本自身所限定的。[①]这种创造式的阅读使得读者加入创作的行列，与文本之间形成双向互动。这些互动甚至可以改变作者的意图，达成不同的阐释。茨维坦·托多洛夫（Tzvetan Todorov）说，每一部作品都经过了读者的再创作。读者为作品提供了新的诠释，但是这种诠释并不来源于读者本身，而是源于其所处的文化与时代，简言之，源于另一种话语；所有阅读理解都是两种话语的相遇，即对话。诠释不再有对错之分，只有丰富与贫乏、引人深思与陈词滥调、生动有趣与味同嚼蜡的区别。进入文本，如同进入一桌宴席，读者在其中自由选择并且创造自己的宴席。歌德（Johann Wolfgang von Goethe）曾经说过："有三类不同的读者，第一类是有享受而无判断，第三类是有判断而无享受，中间那一类是在判断中享受、在享受中判断。这后一类读者确实再造出崭新的艺术品。"[②]

罗兰·巴特 1967 年发表了"作者之死"的观点，米歇尔·福柯（Michel Foucault）在 1969 年发表的演讲《什么是作者》中提出"作者功能"的观点，成为现代作者理论的代表观点。

他们的观点使得建构意义的无限可能与多样性加入了社会与文化背景的色彩，却不可避免地忽视了文本的客观性与独特性，不过可以肯定的是，读者的阅读过程是努力寻求意义的参与过程。读者所采取的阅读方式及诠释策略，也受制于读者的知识文化和心理情感。阅读者的知识、经验和思维方式决定其会从什么样的书中吸取到相关的信息、知识与经验，产生共鸣，获得理解和进步。较好的阅读体验依赖于语言基础和知识背景，一个流利的阅读者能够熟练地认读和理解，一个丰富的阅读者能够迅速地勾连和思考。

---

① ［英］戴维·芬克尔斯坦，阿里斯泰尔·麦克利里.书史导论［M］.何朝晖，译.北京：商务印书馆，2012：178.

② 伍尔夫冈·伊瑟尔.阅读过程：一个现象学的论述 // 李钧.二十世纪西方美学经典文本［G］.上海：复旦大学出版社，2000.

第三节　阅读模式研究

研究者论述阅读模式，通常论述为三种，分别为由下而上的阅读理解模式，以高夫（Gough）为代表；由上而下的模式，以古德曼（Goodman）为代表；互动模式，以鲁墨哈特（Rumelhart）为代表。事实上，阅读模式比这些简单划分要复杂得多。

高夫在国际阅读协会的阅读研究专书《阅读的理论模型与过程》（*Theoretical Models and Processes of Reading*）中，明言由低层次到高层次连续处理视觉信息与辨识字母、单字的阅读模式是错的。虽然高夫坚持视觉信息的处理在阅读的历程中很重要，而且认为好的读者需要做相当多由下而上的解码，不过他也承认自己的阅读模式没有考量到语法与语意在阅读理解中所扮演的角色。鲁墨哈特的互动模式则强调读者同步使用视觉与非视觉，以及来自各个语言层次的信息，包括语法语意的知识及阅读的情境。

至于将古德曼的阅读模式称为由上而下的模式，应该可算是一种误解。古德曼强调读者使用字形字音、用词语法、语意语用三个层次的语言线索来建构意义，来自不同层次的信息相辅相成、共同帮助意义的理解，古德曼的阅读理论应该更接近互动模式，而非由上而下。然而根据古德曼与研究者在 1997 年的一次面对面讨论，他不认为"由下而上""由上而下"与"互动模式"的区别能解释他的阅读理论，因为这些名称暗示阅读仅是一种信息在二度空间上上下下的处理过程，无法显示真实阅读历程的动态与丰富的社会文化影响。[①]古德曼还提出的阅读策略研究包括：开始／辨认的策略、终止的策略、抽读／选择的策略、预测／推论的策略、引证／推翻预测的策略。

---

① 洪月女.以古德曼的阅读理论探讨中英文阅读之异同［J］.新竹教育大学人文社会学报，第三卷第一期：87–113.

第四节　阅读的脑

从大脑与认知神经科学的角度上说，阅读是人脑所特有的一种高级功能。学者通过精密仪器和研究方法探究大脑阅读的机制，这些研究让人类知道，阅读并非单一的大脑区域就能完成，从人类的演化来看，因为阅读是人类较晚学习的，所以学习的时候一定会牵涉到已有的大脑区块。文字虽然较大部分来自视觉的刺激，但是也包括其他感官，成为彼此之间的联结，所以阅读需要各区块相互合作。

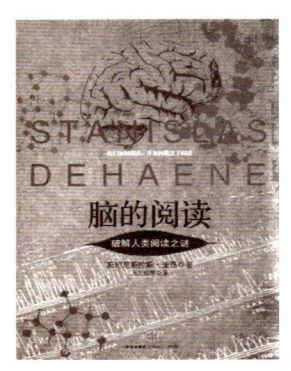

《脑的阅读》

科学界认为，阅读是利用大脑原有的结构基础，在负责视觉、语言、记忆、基本认知等很多最精妙的"原始部件"间建立联结，形成"阅读通路"；同时，随着时间推移、发展与进化，在"阅读通路"中将增加更为复杂的认知特点，会对推理、类比推理、批判性分析思维、情绪反映及发明创造产生影响，达到"深入阅读"的能力。这样，逐步形成了一个可以阅读的大脑——阅读脑。[①]

研究揭示，我们可以简要地将阅读分为三步：第一步，文字符号以光波形式反映到眼睛的视网膜，引起兴奋后由视觉神经首先将该信号传至脑丘，通过脑丘的一组细胞后再传至视觉皮层；第二步，视觉皮层分析信号，辨别信号中的线和边缘，接着辨别有特定方向的线和以特定速度运行的线，每个细胞对线的长度、角度和速度的不同组合做出反应，最后再把这些信息综合起来，得出其特定的内

---

① 沈迪飞. 对阅读源起的探讨——读《脑的阅读：破解人类阅读之谜》等四部专著 [J].
新世纪图书馆，2014（6）：5-10.

容；第三步，由视觉皮层传至语言感应区（韦尔尼克区），再传至语言运动区（布罗卡区）。通过这一系列的活动过程，大脑皮层中引起了一系列的思维活动和情感活动。[1]

从不识字到成为一个成熟的阅读者，阅读的脑是一个渐进、动态的发展过程。玛丽安娜·沃尔夫（Maryanne Wolf）将阅读者分为五种类型：萌芽级阅读者、初级阅读者、解码级阅读者、流畅级阅读者和专家级阅读者。[2]

《普鲁斯特与乌贼》

① 胡继武.现代阅读学［M］.广州：中山大学出版社，1991：48.

② ［美］玛丽安娜·沃尔夫.普鲁斯特与乌贼：阅读如何改变我们的思维［M］.王惟芬，杨仕音，译.北京：中国人民大学出版社，2012：110–111.

第五节　汉文阅读学

汉文阅读学即是对阅读本身的研究。20 世纪 80 年代是汉文阅读学的初创期，1980 年，张志公、张寿康、吴伯威在书信中认定：阅读、写作既有规律可循，就应该也是一门学问。1982 年，韩雪屏、张春林、鲁宝元在《语文教学通讯》（第 4 期）上最早呼吁应当建立一门阅读学。20 世纪 90 年代是汉文阅读学的形成期，1991 年 5 月，中国写作学会阅读学专业委员会成立，开始了有组织有计划的阅读研究。进入 21 世纪以来是汉文阅读学的发展期。[①]

《域外，好书谭》

20 世纪 90 年代初，曾祥芹、韩雪屏建构了"中国现代阅读学"，出版了第一套有关阅读学的丛书。丛书中的《阅读学原理》将阅读研究分为客体、主体、本体。阅读客体指的是阅读对象、环境、时间、工具；阅读主体研究是指对从事阅读活动的人进行研究，相关的理论有阅读生理论、阅读心理论等；阅读本体研究就是研究阅读这一行为，主要包括阅读的本质、价值、分类、选择、训练等方面。这是我国第一本将阅读作为一门学问来研究的著作，它为后来的研究者提供了清晰的研究路线。《汉文阅读学导论》（曾祥芹著，中央文献出版社 2004 年 8 月版）则进一步完善了阅读学的理论框架，将阅读学分为历代读书经研究、阅读学总体研究、阅读客体研究、阅读介体研究、阅读主体研究、阅读本体研究、阅读学家研究、当代阅读学研究、汉文快读研究等。

近年随着科技的不断发展，阅读方式和形态正发生着急速变化，学界对阅读

---

① 曾祥芹. 汉文阅读学在中国的发展［J］. 图书与情报，2006（1）：45-50.

的研究也呈现上升趋势，研究的范畴也逐渐拓宽，包括阅读史、阅读文化、比较阅读等多个方面。王余光、徐雁、吴永贵等教授作为代表性人物，持续有著作问世。在短短的几十年里，我国的汉语阅读学研究已经取得了可喜的成果，但是，正如张志公先生所言，"对它进行系统的整理和科学的研究，得出可供实施和推广的研究成果，我们还是走得慢了一点"①。

郭英剑教授建议，中国阅读学研究的未来发展，应该朝着两极发展，一个是学术研究，一个是大众普及。两者相辅相成，又各自承担其不同的职责。学术研究应该更加学术化，上层次上水平，从而使中国在今后拥有并继续出现专门的阅读学专家和学者；而在阅读学的大众普及方面，当下的阅读学研究同样应该承担责任，并且使其研究的理论适用于我们的小学、中学、大学等常规教育以及非常规教育的阅读实践和阅读教育当中。②

① 张志公.《阅读学丛书》序 // 曾祥芹，韩雪屏.阅读学丛书［M］.郑州：河南教育出版社，1992.

② 郭英剑.从美国的阅读学刊物看中国阅读学研究的未来发展［J］.图书馆杂志，2007（5）：95–96.

第六节　读者服务与阅读推广研究

读者服务与阅读研究主要集中在图书情报学领域。我国图情学者对阅读的研究整体形成以"读者服务"为中心的簇状结构，但不集中，呈发散状。国外图情学者侧重于对用户行为和系统行为两方面的研究，国内则主要包括：一、图书馆研究主体以公共图书馆和高校图书馆为主，研究对象主要为大学生，对其他读者群体鲜有涉及；二、伴随着数字图书馆的兴起和新媒体时代的到来，网络阅读、PDA 阅读、手机阅读等屏幕阅读也逐渐成为研究热点；三、在读者服务方面，阅读指导以及全民阅读和社会阅读的阅读推广成为读者所需。①

阅读推广从未被人们所意识到的领域变成图书馆理论与实践的核心领域，其理论发展经历了萌芽、起步、建构的历程。

新世纪以来，阅读推广理论处于萌芽阶段，21 世纪初叶至 2006 年是理论起步阶段，2006 年至今是理论建构阶段。②图书馆持续开展阅读活动，尤其在实施"知识工程"后更是内容丰富、形式多样。这类举动可以追溯到民国时期图书馆界开展的读书指导活动，如当时的北平市立第一普通图书馆，担任各报社社会服务中的读书指导，在广播电台举办"读书指导"的播音节目以启发市民读书兴趣。③但如范并思教授所分析的，图书馆学理论中一般不认为阅读推广是一种独立的图书馆服务，而是将它当成图书馆宣传、图书馆营销或新书推荐的方法之一。对于图书馆服务部门，阅读推广只是某些服务部门或图书馆员的自发行为，分散

① 冯向梅，乔欢．国内外阅读研究的热点关键词知识图谱分析［J］．情报探索，2013（3）：11–16.

② 李海燕．我国公共图书馆阅读推广研究综述［J］．图书馆杂志，2016（2）：103–110.

③ 杨宝华，韩德昌．中国省市图书馆概况（1919—1949）［M］．北京：书目文献出版社，1985：6–7.

而零星地存在于图书馆借阅服务的夹缝之中。[①]阅读推广既非独立的业务，也没有相应的理论基础，依附于图书馆的一般服务，处于萌芽阶段。从 21 世纪初开始，图书馆人开始研究图书馆在全民阅读中所发挥的作用，并逐渐认识到阅读推广应该成为图书馆服务的独立领域。王余光、李雅等学者在《浅议社会阅读的几个问题》中提到，"图书馆有两大任务，一是推进社会信息化，一是推进全民阅读。在推进全民阅读上，图书馆以其专业性、权威性和独有的丰富资源成为读书活动的一个主要阵地，也是倡导全民阅读、终身阅读等阅读基本理念的中坚，是联系群体阅读和个体阅读的桥梁，发挥了巨大的作用"[②]。这一时期对阅读推广的研究主要集中在对图书馆开展的全民阅读活动进行讨论与总结，阅读实践上的创新，兼及全民阅读面临的主要障碍分析，还未从图书馆基础及核心理论上认识阅读推广，建构阅读推广的理论体系。以 2006 年中国图书馆学会科普与阅读指导委员会的成立为标志，公共图书馆阅读推广理论发展进入了一个新的阶段。"阅读推广活动成为图书馆这个实体空间中最能吸引读者、与图书馆的使命最为贴切的活动。""随着这种变化的深入，阅读推广从依附于图书馆宣传、图书馆营销或新书推荐的一种服务方式，发展为一种主流的图书馆服务，或图书馆服务的一个新的领域。"[③]吴晞研究员在《图书馆为什么要进行阅读推广》一文中提出，阅读推广是图书馆的根本任务，阅读推广是图书馆历史发展的趋势，阅读推广是图书馆生存发展的需要，阅读推广是社会阅读的需要。[④]这一时期，公共图书馆阅读推广理论研究进入理论建构阶段，业界学者初步搭建起阅读推广的基础理论，业内人士关于阅读推广实践的研究也渐次深入，提升了阅读推广的理论层次。

2018 年 1 月 1 日，《中华人民共和国公共图书馆法》正式施行，成为公共图书馆事业发展的里程碑。其中规定了"公共图书馆是社会主义公共文化服务体系

---

① 范并思.阅读推广的理论自觉[J].国家图书馆学刊，2014(6)：3–8.

② 王余光，李雅.浅议社会阅读的几个问题[J].新世纪图书馆，2007(3)：3–4.

③ 范并思.阅读推广的理论自觉[J].国家图书馆学刊，2014(6)：3–8.

④ 吴晞.图书馆为什么要进行阅读推广[J].公共图书馆，2013(4)：9–13.

金陵图书馆阅读推广品牌"阅美·四季"

的重要组成部分，应当将推动、引导、服务全民阅读作为重要任务"。李东来研究员提出当下图书馆阅读推广的"两化"结合之路，即将"法治化"与"专业化"相结合，以此夯实图书馆的社会根基，彰显图书馆的行业价值。[1]

---

① 李东来. 对图书馆阅读推广的思考 [J]. 图书馆论坛，2018（9）：114–118.

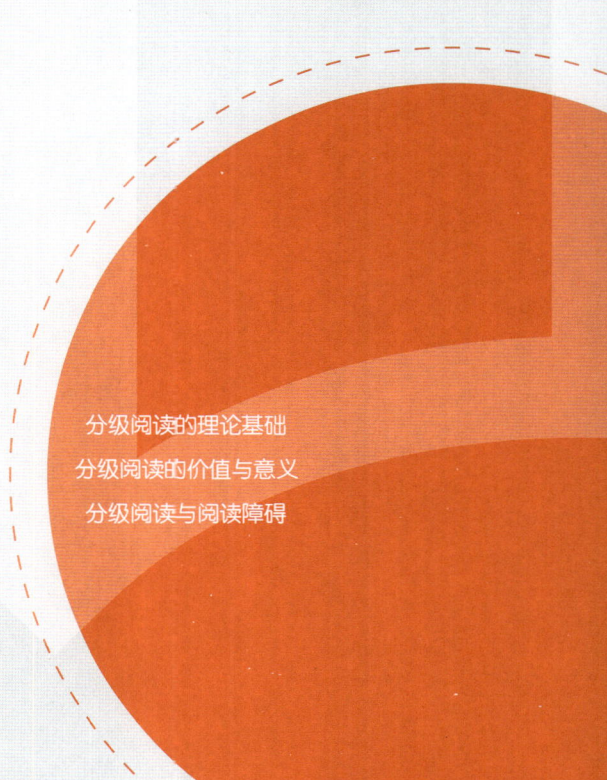

第二章

分级阅读的理论基础与价值探索

分级阅读的理论基础
分级阅读的价值与意义
分级阅读与阅读障碍

分级阅读是建立在何种理论之上，是什么启动了分级阅读的引擎，使其得以运转，并且成为人们关注的话题领域？我们来看中国古代绵延至今的"因材施教"理论及西方近代发展起来的"分层教育"理论与实践。

一、"因材施教"理论

"因材施教"的首创者是孔子。从《论语》中记载的对话可以看出，根据学生的性格、资质及成长方向的不同，孔子采取不同的教导方法，使得学生可以各得其所。孔子通过观察和判断学生各自的特点，从而引导其发展，他认为，在德行上出色的弟子有颜渊、闵子骞、冉伯牛、仲弓，在言语上出色的弟子有宰我、子贡，在政事上出色的弟子有冉有、子路，在文学上出色的弟子有子游、子夏。这些弟子被后世推崇为"十哲"。"中人以上，可以语上也；中人以下，不可以语上也。"（《论语·雍也》）"子深其深，浅其浅，益其益，尊其尊。"（《墨子·大取》）这些都是早期"因材施教"思想的体现。

孔子像

汉朝徐干提出"导人必因其性"，既要充分调动学生的积极性，又不能勉其所难，勉其所不能，他认为，教学要注意"使辞足以达其智虑之所至，事足以合

高马得《夜读春秋》

其性情之所安"。①宋代朱熹在《四书集注·论语·雍也》中说："圣人之道，精粗虽无二致，但其施教，则必因其材而笃焉。"

明末清初的颜元认为："人之质性各异，当就其质性之所近、心志之所愿、才力之所能以为学，则易成。"②学生的质性、志趣、才力各不相同，应当分别对待，因材施教。在承认质性、志趣、能力的个性差异前提下，解除束缚，顺其自然，才能造就人才。经过历代教育家的共同提倡，因材施教已成重要的教育准则。

二、"分层教育"理论

美国的分层教育实践始于 19 世纪中叶的天才教育。1868 年，美国教育家威廉·托里·哈里斯（William Torrey Harris）所带领的圣路易斯公立学校为显现杰出能力的学生推出天才学生加速发展计划。这是老师根据不同层次的学生水平分别讲授，适应学生实际情况的一种教学组织形式。分层教育的发展并不是一帆风顺的。20 世纪上半叶，人们开始思索分层教育的缺陷，并且质疑分层教育带来不平等；20 世纪 50 年代，分层教育进入恢复期，并且得到了越来越广泛的研

---

① 徐仲林，熊明安，李定开，等.中国教育家传略［M］.昆明：云南人民出版社，1983：58.

② 朱义禄.中国思想家评传丛书：颜元李塨评传（上）［M］.南京：南京大学出版社，2011：240.

究和实践，分层教育在世界各国兴盛起来。①江苏海门的知名教育工作者许新海访问南澳大利亚的一所小学，着重观察了学校特色计划。②计划一共有四个方面：第一是特殊的教育，专门针对学校永久性的智力障碍学生；第二是补救性的教育，针对短时性的智力障碍学生；第三是天才和特别才能的教育，专门针对智商测试在 135 分以上的学生；第四是高智力和大潜能的教育，专门针对智商测试在 160 分以上的学生。

1913 年，《中华教育界》就已有关于"分团式教育"的介绍。1914 年，朱元善首先实验分团教学法，他在小学一年级第二学期后开展实验，根据学生的学习程度，在小学一、二年级班内分为两组："普通儿"组与"劣等儿"组。到小学三、四年级，增设"优等儿"组。在教学方法上，"优等儿"组与"普通儿"组以合团教学为主，重点放在对"劣等儿"组的补习上。③20 世纪 20 年代，教育改革者逐渐引入适应个别差异的设计教学法，但因元能较好地处理分层教学与班级授课制度之间的关系，分层教学在较长时间中，且不断得到探索尝试，但一直处于低落期。20 世纪 80 年代开始，分层教学的理论与实践呈现出多样化和丰富化，从最初的按照成绩分层到现在的综合学习成绩、学习能力、学习基础、学习兴趣、学习动机等多元化衡量标准分层。

基于这些基础研究与探索，分级阅读应运而生，根据学生的实际情况，尊重个别差异，通过有的放矢的阅读培养，使得学生可以进行针对性的训练，获得最适宜的发展。

---

① 王晶.高中地理分层教学实践探索——以内地高中新疆班为例［D］.南京师范大学，2015.

② 许新海.澳洲课程故事——一位中国著名校长的域外教育体验［M］.福州：福建教育出版社，2014：202–203.

③ 彭泽平，姚琳，郭红云.民国早期中小学新教学方法实验及其启示［J］.基础教育，2016（2）：41–47.

第二节　分级阅读的价值与意义

　　阅读能力在很大程度上反映了主体的学习能力，儿童阅读是其后续接受更为深度教育的一大基础，同时也是提升孩子精神文化素养的重要方式。然而，我国少年儿童的阅读现状却不容乐观。《中国儿童早期阅读：现状与对策》研究报告指出：西方发达国家儿童在6—9个月时就开始阅读，而中国儿童则普遍要到2—3岁才开始阅读活动；美国儿童在4岁后进入独立的、自主的大量阅读阶段，而中国儿童平均到8岁（小学二年级）才能达到这个水平；美国孩子年阅读量是3万字，中国孩子只有5000字，只占他们的1/6。因此，提升中国儿童的阅读能力迫在眉睫。阅读既然是一种能力，就意味着需要进行传授和培训，并不断进行巩固。儿童群体因为正处于阅读能力养成和发展的关键阶段，分级阅读对他们的意义显得尤为重要。

　　文化学者白冰曾总结分级阅读的重要意义：分级阅读细化了孩子的阅读能力，能培养孩子对书本知识的尊重，形成爱读书、会读书、读好书的良好习惯。针对孩子的年龄特点有计划地提供书籍，让孩子感受读书之美，提高他们的阅读鉴赏能力，让他们养成热爱阅读的习惯，使阅读成为他们接受终身教育的最好形式，影响他们的人生观、世界观和价值观。由此不仅可以保证阅读的量，而且可以保证阅读的质，使不同年龄阶段的孩子充分感受读书之美，始终保持高品位的阅读。

　　中国海洋大学教授朱自强在2015年4月举办的第十一届儿童阅读论坛上做了一场名为《儿童阅读为什么要分级》的报告，他在其中给家长明确的建议：如果你无法让不同年龄孩子穿同一尺寸的衣服，那么就不要试着让他们看一样的书。你如果这么做，就会为了照顾最小的孩子而选择较浅显的阅读教材，这样会使较大的孩子感到索然无味。所以解决的办法就是给孩子分别读书，尤其是当孩子的

年龄相差 3 岁以上时更须如此。同时，他以《窗边的
小豆豆》为例，说明虽然都是同样内容的文学作品，
但儿童文学作品和成人文学作品在表现形式和叙述方
法上会有多么不同。

《窗边的小豆豆》

一、符合儿童认知规律的发展

我们所说的分级阅读的最大意义在于儿童，对儿
童群体进行导读等工作，将会使其循序渐进地掌握阅
读技巧和能力。任何能力的增长都应与其发展规律相适应，儿童阅读能力也不例
外。按照心理学的定义，阅读是一个人依靠脑中的原有知识，主动获取信息，从
文字中建构意义的过程。因此，阅读能力的培养是和心理认知的发展过程息息相
关的。

瑞士心理学家让·皮亚杰对儿童思维或智力的发展进行了规模庞大和系统完
整的研究。他认为，儿童的认知发展由于认知结构水平的不同而表现出明显的阶
段性特征，是一种经过不断同化、顺应和平衡的过程，与其年龄增长相适应，形
成四个明显的发展水平阶段。在 2 周岁以前的感知运动水平阶段，儿童靠感觉
与动作认识周围的世界。这个阶段的儿童适合通过观看和记忆水果图集、动物卡
片等图片类书籍，在启蒙阶段初步建立起对外部世界的"客体永久性"概念。在
2—7 周岁的前运演水平阶段，儿童开始用表象符号来代替外界事物，这是儿童获
得情绪发展的最佳时机，阅读一些拟人化的童话故事、神话传说，有助于儿童的
情感代入和情绪管理，完善其人格发展。在 7—11 周岁的具体运演水平阶段，儿
童的认知结构发生了重组和改变，具备了一定的逻辑思维，其"自我中心"意识
开始下降，开始关注他人与自身的联系。此阶段孩子的阅读数量和阅读水平都有
了一定程度的提升，在成人的帮助下可以完成书籍阅读行为，同时自主阅读的兴
趣开始萌芽，能够独立理解书中所表达的目的和意义，并渴望从阅读中获取更多
的能力，这个阶段是培养孩子阅读能力的关键时期。儿童认知水平发展的最后一

个阶段是 12—15 周岁的形式运演水平阶段，处于这个阶段的儿童抽象思维能力进一步完善，能够对事物发展进行合理假设并推理论证，思维的弹性和复杂性明显增强。因此，这一阶段的儿童阅读应当强化其自主性，不宜再进行灌输和禁止，以鼓励其独立思考和解决问题。[①]

阅读的目的是为了促进儿童对外界事物的内在加工，提升儿童的认知能力。反之，儿童认知能力的提升也有助于儿童阅读能力的提高。阅读内容应当与认知能力相符，只有符合认知规律的分级阅读，才符合儿童心理的发展。

二、与儿童阅读能力的增长相适应

蓝思（Lexile）分级法认为，分级阅读应当体现出两个维度的内容，一方面是读者的阅读能力发展情况，另一方面是读物的阅读困难程度，通过对这两者进行科学客观的测量，判定其发展水平，并且根据 75% 法则进行匹配，即后者相对于前者有一定程度的超前性，从而提升阅读水平。简单来说，如果需要锻炼和培养一个小朋友的阅读能力，我们应当推荐他去阅读其能理解 75% 内容的图书，这样才能促使他既保持对这本读物的阅读兴趣，又能够在阅读过程中不断提升自己的阅读能力，获得最佳的阅读提升效果。"一方面不会让学生因为阅读材料过难而产生挫败感，另一方面又会留有激励学生前进的能力空间。"[②]儿童阅读专家、2016 年全国十大读书人物王林博士曾在文章中这样描述影响文章阅读难度的主要因素：首先是篇幅。长篇读物即使对一个阅读兴趣不浓的成人来说，也会让其知难而退，何况对一个识字量有限的孩子来说，更是畏之如虎。有编写课本教材的专家认为，对小学生而言，比较适合的阅读篇幅方式就是升一个年级就增加 100

---

① ［瑞士］皮亚杰.发生认识论原理［M］.王宪钿，译.北京：商务印书馆，1981：21-58.

② Benjamin D.Wright, A.Jakson Stenner. Readability and Reading Ability: Paper Presentation to Australian Council on Education Research［C］. Australian, 1998.

个字，小学一年级是 100 字，二年级是 200—300 字。其次是生字，过多的生字会使孩子的阅读成就感大为降低，甚至因此完全失去阅读兴趣。在国外有个相对简单的判别标准叫五根指头法，在一篇文章里，出现了一个孩子不认识的单词，就数一根指头，如果数满了五个指头，就基本上断定这篇文章不太适合儿童阅读，超出了儿童的阅读能力。但中文有特殊之处，使用中文的孩子只要认识 1000 个左右的常用汉字之后，词汇量已经可以实现流利的阅读。其他包括情节难度，甚至文章题裁也是影响孩子阅读感受的重要因素。有一篇调查报告指出，孩子最喜欢的文章题材是故事类和笑话类，最不喜欢的是散文和诗歌类。有如此之多的因素会影响孩子对阅读的兴趣，所以对孩子阅读能力的培养应当循序渐进，注重与其阅读能力的增长相匹配。

三、使得儿童阅读变得更有效率

图书是一种适应分众化趋势的文化产品，其中专门针对少儿人群的儿童读物已经成为国内出版业的热点类别。根据相关部门统计，国内儿童图书销量已经占到图书零售总量的约 1/4，是市场增长的主要推动力。在 2018 北京图书订货会上，中国出版协会常务副理事长邬书林说："在过去的 20 年里，中国的少儿出版以每年 15% 的速度快速发展，每年新出少儿图书近 5 万种。"来自官方的统计数据表明，2016 年我国出版少儿出版物 43639 种，比 10 年前增长近 5 倍。而开卷公司发布的《2017 年中国图书零售市场报告》显示，2017 年，少儿图书占图书零售市场的码洋比重达到 24.64%，依然是最大的细分类。2017 年图书零售市场的增长有 1/3 以上来自少儿类图书。[①]每年近 5 万种少儿图书，在丰富儿童阅读品种选择的同时，也给家长和孩子们带来了怎么选、读什么的烦恼。

既然选择有困难，那是否可以让孩子们把这些少儿图书都读起来呢？答案显然是否定的。少儿已经面临着课业负担重的难题，再让他们利用宝贵的课余时间

---

① 张为民 . 迈向少儿出版大国 [N] . 人民日报，2018-01-25.

阅读如此海量的图书，不啻是压死骆驼的最后一根稻草。并且，这些少儿图书也不是一剂"万金油"，不可能都适合不同年龄阶段、不同环境背景和不同阅读能力的儿童。首先，少儿图书的这种爆发式增长使得图书的质量参差不齐。比如具有专业背景和经验的少儿图书作者和编辑较少，造成部分少儿图书不符合儿童心理和阅读规律；少儿图书中娱乐、游戏化类型的作品较多，有深度、有思想的作品匮乏；目前的儿童读物更多地满足于儿童的一般阅读需求，重在培养儿童阅读能力的功能性读物还难得一见。其次，也并非所有的图书都适合孩子们去阅读。阅读不是儿童的本能，需要外部加以引导，不是把孩子"浸泡"在书里，不进行任何外部干预，孩子就自然而然地学会阅读。正确的引导可以提高阅读效率，可以促进孩子阅读能力的发展，分级阅读正是起到这种引导的作用。

面对上述种种，确有必要对少儿读物进行科学化、标准化的分级，才能使读者根据自身的阅读能力，实现有目的的精准化阅读，快速提高自身的阅读能力。少儿阅读的受众虽然是儿童，但其实为儿童的阅读行为买单的主体却是家长。不是每一位家长都是儿童心理和儿童阅读专家，由于对孩子成长各个阶段的心理认知能力和阅读需求不够了解，或者是对于儿童早期阅读的重要性认识不足等原因，他们在为孩子选择少儿读物时往往面临着不小的盲区与误区。《人民日报（海外版）》在 2017 年 8 月刊发了一篇名为《如何给孩子"最适合"的文字？》的报道，报道中生动地描绘了这样一个场景：一位母亲在书店里询问工作人员适合 3 岁孩子读的书在哪里，工作人员笼统地回答在婴幼区和早教区。而在这片区域里，仍是按照国内书店常规的图书排架规则，或按出版社，或按主题，或按印刷情况等分类的大区域。这位妈妈犹疑了一会儿，走向一家出版社的陈列架。面对琳琅的书目，若无明确目标，想从中选出一本适合 3 岁孩子阅读的书，其实并不容易。这样的场景可能在我们为孩子购书选书过程中并不罕见，这也是相关机构和专家目前正在研究的课题。能否通过少儿图书的分级模式来解决这位母亲的难题？在这篇报道中，一位语文老师一语道破了图书分级的意义所在："由于孩子年龄不同，认知能力以及阅读能力有别，分级阅读对于没有指导孩子进行课外阅读经验的老师、家长来说，具有参考价值。因此，实行分级阅读很有必要。"①

在提倡亲子阅读的当下，儿童图书的分级可以使家长在万千书籍中找到既符合孩子的需求，又符合家长教育需求的读物，结合心理学认知发展的观点确立科学的分级标准，使读物真正符合儿童需求，从而使得亲子阅读变得真正可行。

四、提供更为丰富的儿童读物供给

分级阅读是在认知心理学、发展生理学、教育学及儿童文学等众多儿童相关学科最新研究成果的基础上构建起来的，针对少儿的心理和生理发育差别提供科学的阅读计划，并划分出相应的图书，帮助家长选购适合孩子阅读的图书。从图书的源头来看，分级阅读培育了读者，同时也是在为读者营造目标更为丰富的少儿出版市场。

我国目前的图书销售平台及图书排行榜的图书分类法，都是以图书创作类别为主的营销分类体系，以小说、童话、科普等类别来陈列展示，但相同类型的图书面临着适合不同年龄和不同阅读能力的对象的问题。家长更需要的是适合自己孩子年龄段阅读的图书分类指导，而不是简单的图书分类。但现在绝大部分出版社都忽略了少儿读者这一明显不同于成人读者的特殊需求，由此造成少儿读者选购图书时间长、效率低，更为严重的是，由于选购的图书与少儿读者的阅读能力不相适应，导致读者逐渐丧失阅读兴趣，从长远来看，这必然导致少儿读物市场的慢性萎缩。根据分级阅读理念满足不同阅读能力的市场受众需求，挖掘少儿出版市场的内在潜力，成为推行分级阅读必要性与可行性并重的举措之一。

英国出版商协会曾经做过一个专门针对分级阅读的读者调查，他们研究的对象包括 230 名 7—12 岁的儿童和一部分成人。在这项研究中，调查者要求儿童从一些图书中挑出他们最喜爱的书，而其中85% 的被选图书都是标有阅读年龄提示的书。在接受调查的家长中，86% 的人认为出版社按照年龄对儿童图书进行分

---

① 赵晓霞.如何给孩子"最适合"的文字？［N］.人民日报（海外版），2017–08–30.

类是一种好的想法，40% 的人表示，如果儿童书按年龄分类，他们将会购买更多的书。英国出版商协会儿童图书主席伊莱恩·麦克奎德就此项调查说："很多业内人士反对按照年龄对童书分类，但研究表明，许多童书消费者需要更多的指导。我们有必要进一步探讨它，并把这项研究结果转告给图书零售商。"[1]虽然不能将分级阅读简单视为分龄阅读，但不可否认的是，体现阅读能力差异的主要因素之一就是儿童不同的年龄分层。我们从上述调查中不难看出，少儿图书市场的需求方一侧对分级阅读有着强烈的意愿，这势必会倒逼供给方一侧通过改变生产和营销策略以满足市场需求。

有儿童文学作家曾经分享过自己的一段亲身经历，曾有一家出版社和他商量要再版他的作品，但他担心图书再版后市场有限，结果，出版社将其作品进行分级编排，短时间内就发行了数十万册。通过这个例子，能够看出分级阅读对于已经白热化的少儿出版业来说就是一针强心剂，也从侧面证明了分级阅读对儿童出版具有强烈的刺激作用。另外，建立在科学分级的基础上，经典儿童读物仍有可能得到进一步的丰富和完善。这是因为，分级阅读带给少儿出版业的改变绝不是在某本图书上标明适合阅读的孩子年龄这么简单，而是一次对少儿出版业的革命性改变。在分级阅读理念指引下的少儿读物生产，会从图书出版的源头开始就与其他类别图书的出版流程区别开来。即使是同一种少儿图书，如果针对不同的年龄阶段，其选题策划就将有着分级的构思。分级阅读针对不同阅读能力的孩子，制定了不同的阅读书目类型。比如，按照年级来说，小学 1—2 年级以阅读具体形象的图书为主；3—4 年级逐步增加文字阅读数量，扩展阅读范围，巩固阅读兴趣，培养良好的阅读习惯；5—6 年级增加不同体裁的读物，拓展思维空间，形成个人阅读倾向；中学以后则进一步扩大阅读范围，提高阅读质量，养成阅读个性。举一个简单的例子，同样的经典名著《西游记》，给一个 3 岁以下孩子阅读的亲子读本与给一个具有自主阅读能力的 8 岁孩子的读本，无论是在书籍的装帧、材

---

[1] 陈苗苗. 需要唤醒的儿童市场——分级阅读对少儿出版的作用及影响 [J] . 出版广角，2011（6）：16–18.

料、版式、图书类型甚至是营销方式上都应当完全区别开来，而非千书一面。由此可见，在优质少儿读物内容资源有限的现实情形下，将会通过分级阅读所细分的市场需求极大地丰富少儿读物产品线，从而给儿童读者更多的选择权。

《西游记》

此外，分级阅读理论也可以帮助童书编辑了解儿童的阅读兴趣和阅读特点，为阅读水平不同的儿童策划更适宜他们阅读的图书，并使用相应的营销策略进行图书推广，以此来获取良好的社会效益与经济效益。同时，少儿读物市场的需求者则在大为丰富的少儿读物供给中选择适合自身阅读能力的图书，也更易养成良好的阅读习惯，增加对优质图书的需求，从而形成少儿图书在供需两端的良性循环。

与上文我们所提到的心理学家皮亚杰的儿童心理认知发展理论相对应，选择合适的读物将会是儿童早期阅读习惯及阅读兴趣养成的关键，儿童阅读适合自身认知阶段的读物有利于将新的知识和情感积极主动地内化到自己已有的认知结构中。在皮亚杰划分的四个儿童认知阶段中，每个阶段都有相对应的认知矛盾，儿童在不同认知发展阶段的阅读能力和阅读任务也应不同。分级阅读实质上就是针对儿童的年龄特点，有目的地指引他们找到适合自己阅读的书籍，让他们在阅读时获得乐趣与挑战之间的平衡点。儿童的阅读接受能力应得到细化，他们的阅读可以变得更有效率。

分级阅读与阅读障碍

一、阅读障碍及相关研究

阅读障碍，是一种大脑无法协调处理视觉和听觉信息而引起的阅读和拼写障碍症，在学龄儿童中较为常见，也是造成学习障碍的主要原因之一。根据相关统计，学习障碍儿童中约有 4/5 是阅读障碍儿童。一般来说，阅读障碍又分为获得性阅读障碍和发展性阅读障碍。获得性阅读障碍是指先天或后天的脑损伤以及相应视听觉障碍造成的阅读困难；发展性阅读障碍是指智力正常的儿童在发展过程中没有明显的神经或器质性损伤，而阅读水平却显著落后于其相应智力水平或生理年龄的现象，其主要表现在不能快速准确地识别字词，进而影响到书面理解和字词拼写的发展，最终导致学业成绩低下。但发展性阅读障碍儿童经过矫正治疗可以得到一定程度的缓解。因此，如何通过系统性的阅读指导和行为干预提高阅读障碍儿童的阅读能力也是目前国内外阅读界的关注重点之一。

作为阅读工作的主要推动者，图书馆界很早就开始致力于向阅读障碍人群提供有针对性和专业化的图书馆服务实践工作。作为世界图书馆界最具权威和影响力的专业性国际组织，国际图书馆协会联合会（Internation Federation of Library Associations and Institutions，简称 IFLA）从 20 世纪起就开始逐步关注阅读障碍群体的服务问题。1997 年和 1999 年 IFLA 大会分别组织了"获取信息：服务阅读障碍者""阅读障碍无处不在，你的图书馆做了什么？"的研讨会。2001 年，IFLA 发布《图书馆服务阅读障碍指南》（*IFLA Guidelines for Library Services to Persons with Dyslexia*），标志着阅读障碍人群服务进入大规模推广阶段。2005 年，《残疾群体利用图书馆——检查清单》（*Access to Libraries for Persons with Disabilities-CHECKLIST*）报告指出：有阅读障碍的用户是图书馆最需要关注和帮助的人群。[①]2010 年第 77 届 IFLA 大会上，图书馆印本残障人群服务委员会（Libraries Serving Persons with Print Disabilities Section，简称 LPD）组织的卫星会议主题为"享有阅读权力"，来自丹麦、挪威等国的图书馆从业人员分享了其为阅读障碍人士服务的案例和分析研究成果。2012 年的 IFLA 大会卫星会议上，LPD 组织的会议主题为"让我们读书吧——青少年阅读障碍"，主要关注青少年阅读障碍。[②]上述实践都表明，儿童和青少年已经逐渐成为公共图书馆界开展阅读障碍人群服务工作的重点关注对象，并通过开展一系列的基于服务实践和对象数据的实证研究形成了一定的理论成果。

二、分级阅读的作用

相比普通人群而言，阅读障碍患者更需要通过科学合理的分级阅读来逐步提高其阅读能力。

首先，因为分级阅读需要对阅读者进行阅读能力的测定，以了解其对应的阅读级别，相对于按照年龄简单分类来说，这种在阅读前期的干预行为将使得阅读者与阅读对象之间更加匹配，更容易消弭阅读者对阅读的恐惧和排斥心理。

其次，分级阅读以对阅读者认知规律的研究作为开展分级指导的前提和基础，对于阅读障碍人群而言，他们对事物的认知规律显然异于常人。分级阅读可以根据对阅读障碍症开展的生理和心理学研究成果，构建具有针对性的分级阅读体系，以适合阅读障碍人群开展阅读训练。

最后，分级阅读可以作为阅读障碍干预治疗的辅助治疗手段。目前，对于阅读障碍人群的矫治已经形成了既有的模式，行为干预就是其中一种比较常见的治疗方案。专家发现，阅读障碍人群的一个重要问题在于他们缺乏某些有效的认知

① 束漫，孙蓓.图书馆"阅读障碍症"群体服务的理论与实践 [J].中国图书馆学报，2014，40（212）：92-99.

② 黄丹俞.图书馆未成年人服务之阅读障碍援助 [J].图书与情报，2013（2）：17-20.

策略，或者不会选用恰当的策略。在此基础上，专家制定了提升阅读障碍人群认知策略的训练程序：①对阅读障碍儿童的现有策略水平进行测评，明确这些儿童的劣势所在，并确立所要训练的目标策略；②向阅读障碍儿童解释目标策略；③示范目标策略的使用；④言语预演；⑤提供低难度的材料，进行有控制的练习，并给予反馈；⑥提供与阅读障碍儿童年龄水平难度相当的阅读材料，进行练习并给予反馈；⑦测评阅读障碍儿童的策略，并指导他们学会如何根据任务来选择恰当的策略；⑧在实际学习中实现能力提升并进行巩固训练。因此，分级阅读作为认知策略训练的重要组成部分，在对阅读障碍进行干预治疗的过程中发挥着重要作用。

在我们通过分级阅读为阅读障碍人群提供阅读训练和指导时，需要注意到其与非阅读障碍儿童在阅读能力获取和进程上存在着本质差别。他们无法像正常儿童一样按照现行的分级阅读进展规律逐步提升阅读能力，阅读障碍将导致其在阅读过程中理解和掌握相应的技能相比常人要困难得多。因此，不能将儿童分级读物通过简单复制的方式运用于这部分人群，应当注意到他们的阅读能力的培养和训练自有其特征和规律。

西方分级阅读体系

第一节　阅读如何开始：从《哈利·波特》说起

对于儿童来说，阅读是亲近书本和享受阅读的开始，是阅读兴趣的培养，是自我的认知，是亲子关系的融合，是读写能力的发展。阅读是基础教育要求的核心技能之一，在人的成长历程中发挥着重要的作用。儿童通过广泛的阅读养成情趣，积累知识，激发灵感与创造力。依据教育学上的"马太效应"理论，儿童阅读的水平越高，在非特殊干预的教育中，他获得阅读机会就会更多，阅读水平就会更好，学业成功的概率也就更高；反之则机会更少，水平更差，成功率更低。

《哈利·波特》(*Harry Potter*) 是英国作家 J.K. 罗琳 (J.K.Rowling) 于1997—2007 年所著的魔幻文学系列小说。《哈利·波特》在全世界畅销，据维基百科，截至 2013 年 7 月，《哈利·波特》被翻译成 74 种语言，在超过 200 个国家出版。据 Statisticbrain 网站统计，截至 2015 年年底，《哈利·波特》系列图书销售额达 77.4 亿美元，加上电影、玩具、DVD 等，《哈利·波特》总销售额达 248.5 亿美元。人们对《哈利·波特》热销的态度，有意思，并且有意味，值得回味，这里作简要的陈述与分析。

对于《哈利·波特》热销这一硕果，英国书史专家从两方面分析：一是借助于以小说改编的电影对小说的再次宣传而得到放大；二是借助于出版商所采取的儿童与成人市场交叉销售的策略而得到强化——例如，儿童版与成人版分别采用不同的护封和封面，借助于精心制定的精装书与平装书出版日程而得到优化——确保在便宜的版本发行前高价版本得到最大销量，发行平装本时又掀起一波新的宣传攻势，令读者热切期待。①

---

① ［英］戴维·芬克尔斯坦，阿里斯泰尔·麦克利里. 书史导论［M］.何朝晖，译.北京：商务印书馆，2012：202–203.

耶鲁大学教授、著名文学评论家哈罗德·布鲁姆（Harold Bloom），布克奖得主 A.S.拜亚特（A.S. Byatt）、莉迪亚·戴维斯（Lydia Davis）等人都是《哈利·波特》的批评者，他们旗帜鲜明地反对《哈利·波特》。

哈罗德·布鲁姆认为，《哈利·波特》的热销是世界人民阅读能力的极大衰退。他认为《哈利·波特与魔法石》"缺乏想象力，到处都是陈词滥调"，并称"《哈利·波特》现象"是"可耻、愚昧的文化潮流"。他第一次阅读 J.K. 罗琳的作品时是这么说的："在我阅读的过程中，我发现每次小说中的人物开始走路时，作者都会写成这个人物'迈开双腿'。我开始在一个信封的背面记下这个短语出现的次数。在记录了几十次之后，我就不再看这本书了。"①拜亚特抨击《哈利·波特》是水准低下的"编造的戏法"，缺乏伟大的儿童文学作品所应具备的技巧与严肃态度，只能迎合那些想象力发育不良的读者。

很多人可能会惊愕于哈罗德·布鲁姆他们的判断。哈罗德·布鲁姆曾被 C.S. 刘易斯（C. S. Lewis）称为"阅读活动最合适的监护人""应该读什么书的最佳评判者"。拜亚特则被评论，要么是"肩披着高等文化的斗篷"，瞧不起"大众流行的作品"，要么就是出于对罗琳商业成功的"嫉妒"。

《柳林风声》

据布鲁姆的判断，有一大群读《哈利·波特》的人肯定不会去读那些读起来收获更大的作品，诸如肯尼斯·格雷厄姆（Kenneth Grahame）的《柳林风声》，刘易斯·卡罗尔（Lewis Carroll）的《爱丽丝梦游仙境》，吉卜林（Joseph Rudyard Kipling）的《原来如此》《丛林之书》，詹姆斯·瑟伯（James Thurber）的《十三座钟》等。而这些书却是饱含想象力与创造力的作品，且渐渐鲜为人知。哈罗德·布鲁姆在《如何读，为什么读》中，推荐

---

① ［美］艾伦·雅各布斯.再读一遍：消遣时代的阅读乐趣［M］.魏瑞莉，译.南京：译林出版社，2013：18.

了他所认为的可以当作阅读标准的小说、故事、诗歌，标准严格、苛刻，能够入他法眼的书并不多，他还认为，当代美国作家只有四位"值得称道"：菲利普·罗斯（Philip Roth）、托马斯·品钦（Thomas Pynchon）、科马克·麦肯锡（Cormac McCarthy）、唐·德里罗（Don DeLillo），其他人的书并不是不能读，但读他们的书就是浪费时间。哈罗德·布鲁姆的思想可以集中地表现为：如果读者不能借一本书来丰富充实自己的思想、精神或者人格，那为什么还要读它呢？那不是真的在读书。

《如何读，为什么读》

莉迪亚·戴维斯说起让她失望的书，她说，本以为和儿子一起读《哈利·波特》会很有趣，但读第一部时就发现作品既单调又肤浅，人物角色也算不上有趣。她的儿子同时在读《黑暗元素三部曲》，而这一部入了母亲的法眼，莉迪亚·戴维斯被第一部《黄金罗盘》迷住了，她夸赞作者的文笔，并且认为，从作品的第一行开始就非常棒，包括富于想象力和智力。

除了这些批评家，还有不少家长和儿童教育工作者反对《哈利·波特》。他们主要从儿童成长的角度，认为《哈利·波特》的格调过于"黑暗"，有很多不应该出现在"童书"中的"残忍""恐怖"的内容，因此反对学校图书馆收藏《哈利·波特》，甚至提出禁止孩子们阅读。

当然，这一切的反对都没有能够抵过《哈利·波特》的风靡，孩子们收集并且阅读这套书，很多人为这套书叫好，形成一种阅读热潮，造就了引人注目的文化现象。

我们从分级阅读角度来看，3—8年级的学生都会对《哈利·波特》系列书籍感兴趣，作为受到高关注的书籍，适合吸引儿童关注、阅读。但这些书比看起来的要难读，从阅读的层级上更适合其中高年级的学生阅读。因此，《哈利·波特》并没有成为伴随一代儿童成长的阅读学习阶梯，而只是更多地塑造了阅读习惯，加深了阅读情意。

《琥珀望远镜》

作为阅读推广，《哈利·波特》是难得的推广利器。系列书让很多孩子初次尝试阅读长篇，体会到了让人着迷的阅读。如果要求得多一点，那么既需要像《哈利·波特》这样的书将人们引入阅读，也需要阅读推广人推荐更多的有营养的好书，自然而然、不着痕迹、不露声色地帮助孩子发现更多、领略更深。

阅读之路有数不清的起点和方向，儿童文学可以从《哈利·波特》出发，从《黄金罗盘》出发，从《柳林风声》出发，从《夏洛的网》出发……吉姆·崔利斯（Jim Trelease）在《朗读手册》上说："你读得越多，理解力越好；理解力越好，就读得越多。"只要在阅读的路上，必然会有收获。教育的基本信念应当是学习者思考自己与学习对象间的互动，并清楚地理解作为读者或学习者的"我"与发生鉴赏或学习时的这个环境或社会间的关系与特征，才是建构属于"我的知识"的不二法门。①

---

① 郑明宪. 儿童对视觉意象意义的建构［J］. 艺术教育研究，5：1–22.

第二节　西方分级阅读体系概况

西方分级阅读体系主要包括可读性与文本分级研究，同时积极推动实践，着力于书与人的匹配。

一、可读性公式

可读性公式是研究文本可读性的重要方法之一，指通过参照词库，分析文本特征等方式建立公式，计算影响文章难易度的类型指标，赋以分值以测评文章可读程度。西方常见的可读性公式有弗莱士－金凯德难度级数（Flesch-kincaid Reading Grade Level）、弗赖伊·格拉夫体系（Fry Graph）、新达勒－查尔体系（The New Dale-Chall）、莱克赛尔体系（Lexile Measure）、阅读能力等级计划（Degrees of Reading Power）等。

1923年，美国俄亥俄州立大学教授伯莎·A.莱夫利（Bertha A. Lively）与悉尼·L.普雷西（Sidney L. Pressey）提出第一个可读性公式，与这一时期的其他可读性公式一样，主要依据Thorndike词表，客观衡量书与其他书写材料的难度层级，对后来的可读性公式发展影响很大。20世纪30年代初，由芝加哥大学图书馆学研究生院，即芝加哥学派早期代表人物道格拉斯·瓦普尔斯（Douglas Waples）所引领的成人阅读研究引发了对成人分级阅读的关注。20世纪30—50年代，这一阶段的可读性公式发展注重更多变量，产生了比较知名且沿用至今的可读性公式，如弗莱士易读度（Flesch Reading Ease）、达勒－查尔可读性公式（The Dale-Chall Readability Formula）、迷雾指数（Gunning FOG）等。20世纪50年代开始，可读性公式在争议声中继续发展，一些公式得到更新，基于电脑和自动化的公式发展起来，一直到20世纪90年代早期，可读性领域研究发展迅猛。20 世纪 90 年代以来，随着越来越多的学科与计算机和信息领域相交叉，自然语言处理技术不断成熟，相应研究成果也被运用到可读性研究中。如采用机器学习技术、引入包括语义和篇章类型的更多变量、以大量文本作为数据库等，研究者总体上对相关技术在实现准确的文本难度量化评估中的作用持审慎的乐观态度。[1]

表 3-1　常见可读性公式与因素

可读性公式	因素	结果意义
弗莱士－金凯德难度级数	平均句长、单词平均音节数	年级程度
弗赖伊·格拉夫体系	平均句长、单词平均音节数	年级程度
新达勒－查尔体系	平均句长、难词频率	年级程度
莱克赛尔体系	平均句长、词汇频率	难易程度：分数越高越难读

二、适读性分析

以可读性公式对文章进行量化分析是常见的文本分级方法，另外，也有些研究者考量影响文本理解的各种因素，据以建构文本适读性分析架构，再以质性方法评估文本适读年级。具体而言，研究者在所建立的文本适读性分析架构中纳入影响文本理解的因素，同时界定这些因素在不同文本难度时的差异，再提供适读年级读本的标准样本，作为判断文本难度之参考，最后由评估者综合考量，评估出文本适读年级。[2]

新西兰学者玛丽·克莱（Marie M. Clay）是最早提出阅读教学分级体系

---

[1] 刘潇 . 文本易读度相关研究评述 [J] . 湖北大学学报（哲学社会科学版），2015（3）：141–146.

[2] 陈茹玲，蔡鑫廷，宋曜廷，等 . 文本适读性分级架构之建立研究 [J] . 教育科学研究期刊，2015（1）：1–32.

的学者，但分级阅读理念可以上溯到 1836 年威廉·麦加菲（William Holmes McGuffey）研制的被社会广泛应用的分级标准。适读性研究读者与阅读文本的适配程度，较多地应用于低年级儿童阅读引导领域，在阅读指导方面起到较为明显的作用。适读性文本分级体系主要有阅读校正体系（Reading Recovery）、指导性分级阅读体系（Guided Reading Level）、韦弗体系（Weaver Leveling）等。

哈里斯（Harris）和霍奇斯（Hodges）曾将可读性定义为：因文本的写作风格，影响读者的了解或理解，意即文本的变项、读者的变项以及两者变项的交互作用会影响文本的可读性和理解。导致文本可读性的变项有形式、字体、内容、文体和风格、字汇难度、句子复杂度、概念的密度、一致性等。读者的变项包括动机、技巧、背景知识、能力和兴趣等。而文本变项和读者变项的交互作用，则决定提供个别读者阅读素材的可读性。[1]无论是可读性，还是适读性，都须考虑读者与文本的互动。

从更广的角度来看，还有一些标准、评级：国际阅读水平测试项目，如国际学生评估项目（PISA）的阅读水平描述；分级描述阅读水平表现和要求的课程标准，如美国共同核心州立标准（Common Core State Standards，简写为 CCSS）、英国国家课程关键学段（National Curriculum Key Stages）等；用颜色和星级从内容的纯净和主题等方面对书籍、电影、电视、电子游戏、音乐进行笼统评级的常识媒体（Common Sense Media）。这些标准和评级可以看作广义的分级阅读，分别从各自的角度做了级别规定。

三、主要分级体系介绍

（一）读者促进体系（Accelerated Reader，AR）

AR 分级体系由英国云端教育软件公司 Renaissance Learning 开发。学

---

[1] 陈海泓.以适读性公式挑选英文读本之探究［J］.教育资料与图书馆学，2012（2）：229–254.

生阅读相应级别的文本，通过综合测试，如早期读写测试（the STAR Early Literacy test）和阅读能力标准测评（the STAR Reading test）评估阅读水平，依据可读性公式 ATOS（Advantage–TASA Open Standard，TASA 开放标准优势）得出分数，从而设定阅读目标，有针对性地采取措施，提升阅读能力。

通过参加早期读写测试，可以评估学生所处的阅读水平，包括萌芽型读者（Emergent Reader，300—674）、过渡型读者（Transitional Reader，675—774）、可能型读者（Probable Reader，775—900），其中得到 675 分以上的学生可以参加早期读写测试。STAR 测试（Standardized Test for the Assessment of Reading，阅读能力标准化测评）可以评估出学生的阅读水平（Grade Equivalent Score）与相应阅读文本所处的分级（ZPD Level，Zone of Proximal Development）。通过设定目标与奖励机制，学校、图书馆与家长的全力配合，促进学生阅读能力，培养终身读者。

ATOS 分值由平均句子长度、平均字长、词汇使用年级、单词数等因素决定，显示的是某个年级的学生可以独立阅读文本的水平，如 AR 3.6 表示美国小学三年级第六个月英文阅读等同水平。0 是最低，12.9 是最高。AR 分级和蓝思分级都是能到达 12 年级阅读水平的分级体系。

Renaissance Learning 公司开发了 AR BookFinder 网站供学生、家长、教师和图书馆员查找书目，也开发了 App 供手机下载使用。

（二）蓝思阅读测评体系，又叫莱克赛尔体系（Lexile Measure）

蓝思阅读测评体系是美国阅读学会、北卡罗来纳大学、杜克大学及其他多位儿童语言发展研究方面杰出教授，配合上万名学生及老师参与的研究实验计划，经过数十年时间研究开发出来的。1994 年，蓝思阅读测评体系由美国 Metametrics 教育公司受美国国家卫生研究院资助运作，已成为美国应用最广泛的分级阅读系统。

蓝思阅读测评体系从读物难度和读者阅读能力两个方面进行衡量，使用的是同一度量标尺，因此读者可以根据自己的阅读能力，选择适合自己的读物。这是蓝思体系的突出特点，被比作穿鞋，多大的脚穿多大的鞋码。和大多可读性公式一样，蓝思阅读测评体系考虑语义难度和语法复杂度，以词汇频率和句子长度加以衡量。

语义难度：一个词汇在阅读当中出现的频率越高，即越常见，读者就会越熟悉，相应阅读起来难度就会越低；相反，读者在阅读中遇到的词汇越不常见，阅读难度就越高。这是蓝思测评体系使用词汇频率作为衡量语义难度的基本理念。蓝思阅读测评体系使用的词汇频率并不简单指某一个词出现在某一篇文章中的频率，而是通过大型语料库计算得出的频率。

语法复杂度：句子越长，难度就越高，这是蓝思阅读测评体系将句子长度作为衡量标准的理念。长句子的从句较多，读者不仅要接收更多的信息，还要处理更复杂的句子关系，同时也要拥有更好的短时间记忆能力。

Lexile 是衡量读者阅读水平和标识出版物难易程度时使用的单位。蓝思阅读测评体系使用数字加字母 L（Lexile）作为衡量难度的度量标尺，一般以 0L—1600L 来表示难度范围，数字越小表示读物难度越低或读者阅读能力越低，反之则表示读物难度越高或读者阅读能力越高。同时，根据图书特点在级别前标注特殊符号，这些符号如下：AD（Adult Directed，家长指导书籍）、NC（Non-Conforming，非常规书籍）、HL（High-Low，趣味性高但难度低的书籍）、IG（Illustrated Guide，图释，一般是百科全书）、GN（Graphic Novel，连环画或漫画）、BR（Beginning Reading，初级读物）、NP（Non-Prose，非散文性文章，如诗歌、歌词或者菜谱，此类文章无法评定蓝思等级）。

最适合推荐的读本，是学生有兴趣的主题以及学生对该书理解程度达 75% 的书，Lexile 以此原则来制定推荐读本。Lexile 网站也有巨量网络资源可以供各类需要的读者使用。

（三）发展性阅读评估体系（Developmental Reading Assessment，DRA）

发展性阅读评估体系是英国培生教育出版集团用来测定幼儿园到 8 年级学

生阅读能力的分级系统。教师或家长可根据测试结果匹配水平适合的图书，以提高少儿阅读能力。测试内容着重读者阅读的准确度、熟练度和理解程度等，其目标是帮助每一个学生成为独立、成功的读者。其分值范围为 A—80，按照不同分值，将读者划分为萌芽（Emergent，Levels A—3，Grade 1）、初阶（Early，Levels 4—12，Grade 1—2）、过渡（Transitional，Levels 14—24，Grade 2—3）、延伸（Extending，Levels 28—38，Grade 2—3）、中级 / 中学（Immediate/Middle School，Levels 40—80，Grade 4—8）。

（四）指导性分级阅读体系（Guided Reading Level，GRL）

指导性分级阅读体系是阅读专家艾琳·方塔斯（Irene C. Fountas）和盖·苏·皮奈尔（Gay Su Pinnell）通过长期的研究和教学实践总结，于 1996 年在《指导性阅读：给所有孩子第一次教导》一书中提出。指导性分级阅读体系的教学模式是通过分级原则，按照阅读能力将学生进行分组，教师提供与不同组别学生能力相适应的书籍，协助学生流畅阅读，引导学生进行有效的阅读策略。该体系采用的是 F&P 文本分级梯度（The F&P Text Level Gradient）方法来划分阅读级别，主要考虑读物的主题、词汇数量、词汇难度、插图、句子长度、语言结构等因素，主观因素部分，如句子复杂程度、思想内涵等因素由专家分析。在各适读等级都设有标准文本，有利于定级考察。

按照字母 A 到 Z+ 的顺序将读物分为 27 个级别，一级称为一个 GRL。A 级为最低级别，表示读物难度最低；Z+ 级为最高级别，表示读物难度最大。该体系认为读者阅读大致分为 6 个阅读阶段，每个阶段的读者有不同的阅读特点，可阅读不同难度等级的读物，包括阅读萌芽期（Early Emergent Readers）、阅读早期（Emergent Readers）、阅读发展期（Developing Readers）、独立阅读早期（Early Independent Readers）、独立阅读发展期（Developing Independent Readers）、独立阅读期（Independent Readers），分别大致处于阅读 A 到 D、E 到 F、G 到 M、N 到 P、Q 到 S、T 到 Z 读物的阶段。

表 3-2 哈利·波特系列分级阅读

书名	兴趣等级	年级等级	蓝思阅读测评体系	发展性阅读指数	指导性阅读分级
《哈利·波特与魔法石》		6	880L	50	V
《哈利·波特与密室》		6.7	940L	50	V
《哈利·波特与阿兹卡班囚徒》		6.7	880L	50	V
《哈利·波特与火焰杯》	Grade 3—8	6.8	880L	60	W
《哈利·波特与凤凰社》		7.2	950L	60	W
《哈利·波特与混血王子》		7.2	1030L	60	W
《哈利·波特与死亡圣器》		6.9	980L	70	Z

第三节　西方分级阅读体系评析

早在 1893 年，美国内布拉斯加大学英文学系教授 L.A. 舍曼（L.A. Sherman）提出通过统计方法客观分析文学作品，他说，用科学方法来分析美学作品，很自然会受到反对，然而事情的本质是，我们没有理由不能像分析人体结构一样分析人类语言和思想的组织。

西方分级阅读体系运作成熟，广泛运用在教育领域，而且在商业、军事、法律等领域的使用频率与日俱增，分级阅读也得到越来越充分的认识。倡导分级阅读将"更轻松地选择能够阅读而不会感到沮丧的书籍"，更易取得进步和激励，但同时，无论是可读性公式还是适读性分析都面临批评和质疑。[①]

100 年后，可读性公式受到越来越多的关注。可读性公式无法评估文本的主题、结构、连贯与可阅读的程度，也未考虑读者的背景知识、阅读动机与阅读兴趣，所以，可读性公式具有客观一致性，能够让阅读者找到适合自己能力水平的读本，更易体验到阅读的快乐，但同时，各领域各行业专家也提出了越来越多的批评。对于可读性公式的批评主要集中在以下几个方面：

一、可读性公式较多地考虑句子结构和词汇，但其他影响文本难易的因素，包括语篇衔接的程度、需要推论及记忆的比例、修辞结构、方言及所需背景知识等多不在考虑之列，这就造成了某些文本实际的阅读难度与分值不相符合。

二、读者的动机、兴趣、意图等变量因素与文本的理解有极大的关联，这些都不是可读性公式所能囊括的。1948 年，达勒（Dale）和查尔（Chall）曾表示，理想化的可读性概念应该是包含文本和读者的，但读者的因素并没有被测量，并

---

① 徐雁，钱军，李海燕.图书评论与阅读推广［M］.北京：朝华出版社，2017：140–141.

且很可能不能被测量。

　　三、这些可读性公式之间有着内在的联系，但是在对于同一文本的认定上，它们通常会给出比较广泛的不同的等级水平。也就是说，可读性公式很难给出一个精确的衡量，只是一种粗略的估计。

　　四、特别是对于需要辅助的阅读者而言，并不是所有与之水平相当的读物都可以供其阅读。学者提出，可读性公式本身不能确保文本和学习者之间的匹配，需要通过教师的专业判断来补充。无论是教师还是图书馆员，应先评估文本的主题、结构、连贯与可阅读的程度，再依据可读性做出基本解读和初步评估，最后通过对文本的考察、对阅读者的了解做出较为精确的判断。没有一个公式可以取代了解阅读者且训练有素的教师、馆员。

　　适读性分析纳入了可读性公式未考虑的深层文本特征，如文体、主题、结构等比较能够反映文章理解的真实样貌。不过，适读性分析也存在问题。首先，研究者建立的适读性分析架构并无清晰的理论依据，后续研究不易判断其合理性；其次，仅要求评估者综合考量各项指标后做出综合分级判断，未考虑各指标的重要性差异；最后，文本分级时未制定明确的标准及具体评估方式，依赖评估者依主观经验做最后判断，缺乏量化客观的判断，可能因为评估者的经验差异导致分级结果分歧，研究者也难以重复验证。[1]因此，不少学者建议综合使用可读性公式与适读性分析分级阅读。

　　"如果我们将所有学生的独立阅读选择限制在我们的分级书籍集合中，就会危及阅读材料自选的动机"，作家群体对分级的反对呼声极高，他们认为，按照一个硬性标准划分阅读年龄段是不合理的。[2]更有反对的声音认为，分级阅读的做法不符合教师、图书馆员的价值观，不应将其部分或全部应用于学校图书馆馆

---

[1]　陈茹玲，蔡鑫廷，宋曜廷，等.文本适读性分级架构之建立研究［J］.教育科学研究期刊，2015（1）：1–32.

[2]　陈智勇，智荣，知力.海外：分级阅读在纷争中推进［N］.中国教育报，2010–04–01.

藏，分级阅读严重限制了学生的选择，与追求阅读的兴趣和激情相矛盾，水平较低的人有可能会感觉落差过大以至于他们可能永远赶不上。指导性分级阅读体系的研制者艾琳·方塔斯和盖·苏·皮奈尔也曾表达对他们所创造的框架被滥用的担忧。

有美国学者在参观了我国"石头汤悦读校园联盟"之后认为，中国学校的阅读通过三大支柱（校长、教师和家长的合作基础；分配给阅读的时间；阅读材料的获得）实现，学校通过培养内在动机，使得学生热爱故事，获得审美体验。同时，他们也反思了美国学生的读写能力发展经常受到严格执行的语法和将书籍升级到特定等级的限制。在这些反思的背后，研究者开始关注如何为独立阅读提供学生用书选择，认为独立阅读选择书籍应当考虑书籍长度、日常语言、组织、书前知识、可管理文本、对流派的吸引力、主题恰当性及关联性、高度兴趣。

第四章

我国分级阅读体系概况

分级阅读源自美国，追溯美国的分级阅读史，则不得不提到著名教育学家威廉·麦加菲的《麦加菲读本》，这是第一套被社会广泛运用的分级阅读标准，它在一定程度上改变了美国成立之初从字母表到简单短语，然后直接跳跃到《圣经》的阅读教学方式。[1]该读本被用作19世纪中期到20世纪中期小学阶段阅读教学文本。在我国香港和台湾地区，分级阅读已有了10余年的发展历史。在大陆地区，以2008年人民教育出版社提出引进"桥梁书"概念为标志，分级阅读作为一个新兴事物，开始进入大众视线，并很快成为推动儿童文学阅读的有效模式之一。

一、港、台地区的分级阅读尝试

台湾地区推行分级读本始于小学英语课前的英语绘本故事教学，后来发展出文字较绘本多、图画较绘本少的"桥梁书"。[2]为保证合适的阅读流畅性和阅读理解力，许多出版社会在出版物的封底标出适读年级，同时也会参考可读性公式，提出句法分析与词性、词表示法、语义信息、写作程度等特征用于文本可读性预测，以协助教师、图书馆员、家长、学生选择适宜的读本。从2000年开始，台湾地区全面推行"儿童阅读计划"，并把该年确定为儿童阅读元年，在小学阶段

---

① 詹莉波，尤建忠. 儿童图书"分级阅读"在我国的生存现状与问题研究 [J] . 中国图书评论，2010（6）：114–118.

② 吴颖. 桥梁书：儿童阅读的新台阶 [J] . 出版广角，2012（10）：52–53.

开设阅读教学课程①，将国际阅读素养测评项目 PIRLS 和 PISA 测评引入英语语言教学，并制定阅读指标评估汉语阅读知能，作为教师编订教材和评量学习的依据。从出版物分级到阅读素养测评，从英语分级阅读到汉语分级阅读，分级阅读在不断探索中走向成熟。

分级阅读传入香港地区的时间略晚于台湾地区。香港地区强调差异化教育理念，要求图书馆配合学校举办各种促进学生阅读的活动。②幼儿园每周都有阅读功课，配备《我自己会读》系列读物，读物从最简单的句式开始，难度逐渐增加。孩子进入小学后，除了 Scholastic 出版社每年直接送到学校的分级书单外，学校主要使用 Raz-Kids Reading 在线分级读物进行阅读教学。老师会根据阅读水平给每个人指定相对应的阅读作业。分级阅读走进课堂，成为学校因材施教的工具。

港、台地区最早受到西方分级阅读体系影响，在英语分级体系的引入和中文分级阅读的尝试中形成了自身的特色。但同时，符合中文特性和现代语言脉络的可读性公式尚待开发，中文分级和阅读指导的发展远远落后于英文分级阅读的步伐。

二、大陆地区分级阅读发展概况

（一）分级阅读体系初见雏形

1. 南方分级阅读体系

2008 年 7 月，由中共广东省委宣传部倡导，受广东省文明办指导的"南方分级阅读研究中心"成立。该中心自成立以来即以少年儿童为主要研究对象，研究少年儿童分级阅读，引进西方的分级阅读理念，并结合我国中小学校教育的特点，发布《儿童青少年分级阅读内容选择标准》和《儿童青少年分级阅读水平评

---

① 白冰.少年儿童分级阅读及其研究［J］.出版发行研究，2009（9）：16–18.
② 孙丽.我国未成年人分级阅读标准构建研究［D］.北京印刷学院，2017：17.

价标准》，构成了南方分级阅读体系的主要内容。

南方分级阅读体系参照《全日制义务教育语文新课程标准》中各学段的阅读要求，将儿童青少年的阅读分为四个学段：第一学段是小学 1—2 年级，阅读材料选择具体形象、内容丰富、趣味性强的图书，完成本阶段的阅读应达到不少于 5 万字的阅读量，能够默读、复述阅读内容；第二学段是 3—4 年级，逐步增加文字阅读数量，扩展阅读范围，以文学欣赏性、科普类知识阅读为主，逐步扩展阅读范围，巩固阅读兴趣，培养良好的阅读习惯；第三阶段是 5—6 年级，进入经典名著赏读和探索性阅读，增加不同体裁的读物，具有概括、分析和分享阅读的技能，拓展思维空间，形成个人的阅读倾向；第四阶段是 7—9 年级，读物的广度和深度都上升到新的层次，阅读内容的思辨性和科学性更高，阅读视野得到拓展，阅读方式更加多样，进一步扩大阅读范围，提高阅读质量，养成阅读个性。四个分级阅读阶段和课外读物内容匹配，从儿童的心理、生理发展阶段和阅读需求出发，提倡"什么年龄阶段读什么书"，从阅读数量、阅读技能和阅读习惯上考察各个阶段的阅读水平，作为选择读物的依据，了解掌握儿童青少年阅读的状况，形成了读物分级与读者分级的呼应。

2. 接力分级体系

2009 年 5 月，由接力出版社筹备的"接力儿童分级阅读研究中心"成立，作为民间力量主导的又一大分级阅读体系问世。该中心创办后即举办了"首届中国儿童分级阅读研讨会"，邀请儿童心理学、语言学、出版界、教育界等关注儿童阅读的专家、行业精英，就如何向未成年人推荐好的读物和读物分级的必要性以及读物与读者的阅读兴趣、阅读能力匹配等展开讨论，并在会上发布《中国儿童分级阅读倡议书》《儿童心智发展与分级阅读建议》和《中国儿童分级阅读参考书目》（前 200 种），形成了以 0—12 岁儿童为阅读主体的分级阅读体系。该体系从儿童身体与动作发展，认知与智力发展，语言发展，情绪、人格与社会发展四个因素展开分析，将 0—12 岁儿童细分成 5 个年龄段的阅读群：0—3 岁、4—6 岁、7—8 岁、9—10 岁和 11—12 岁。综合考虑儿童不同年龄阶段身心发展的特征和规律，图书的篇幅长短、难易程度等因素，参考国内外的儿童文学奖项，例如中国国家图书奖、中华优秀出版物奖、中国作家协会全国优秀儿童文学奖、国际安徒生奖、纽伯瑞儿童文学奖等，在分级阅读专家学者的意见和建议等的基础上，列出200种参考书目，即5个年龄段，每个年龄段40本书。

2010年8月，"第二届中国儿童分级阅读研讨会"以"分级的本土化指导"为议题展开讨论，出版会议成果《中国儿童分级阅读指导手册》和《中国儿童分级阅读参考书目》（2010年版），使接力出版社的分级阅读体系更加完备。在保留原有年龄分层的基础上，2010年版的参考书目为250本，各个年龄段推荐书目增加到50本。第一个年龄段以图画书为主，辅以少量儿歌，讲究读物的节奏性和视觉冲击。第二个年龄段以图画书为主，增添科普、散文诗、童话、诗歌，以内容简短丰富、主题多变的图书满足好奇心。第三个年龄段的参考书目包括小说、艺术、传说、社会科学、图画书、科普、童话、漫画、故事等类型，图书的内容更加完整，体裁更加多样。第四个年龄段以小说为主，增添历史故事、喜剧故事、图画书、童话、科普等，提供可以了解发展事物过程及充满想象的书。第五个年龄段以小说为主，增添科普、散文等类型的图书，支持阅读思辨的深入和观点的迸发。

经过两次研讨和不断修正，接力儿童分级阅读体系，依据儿童心理、生理特征的差异，划分阅读年龄分层，对应推荐详细的阅读参考书目，书目涵盖多种类型，体裁丰富，形成了完整的不同年龄"读者"与"读物"匹配的分级阅读体系。

（二）分级图书策划出版

随着分级阅读理念的传播，在分级阅读体系酝酿的同时，部分出版社首先关注到分级阅读理念对未成年人阅读习惯养成的重要作用，积极策划、出版、推广了一批分级读物。在2009年年初，贵州人民出版社的"鹏声分级阅读"系列首先打开了分级图书市场。

表 4-1 "鹏声分级阅读"书目

分级标准	分级书目	分级标准	分级书目
一年级	《相遇白色鸟》	四年级	《心灵是棵会开花的树》
	《小辫子丫丫》		《轮子上的麦小麦》
	《狼大叔的红焖鸡》		《蒲公英轻轻飞》
	《和猪奶奶说再见》		《去年的树》
	《奶奶来了》		《四十八个脚趾》
二年级	《人》	五年级	《T星极光》
	《一只猪开博客》		《原来如此的故事》
	《企鹅寄冰》		《爸爸妈妈我和她》
	《小狐狸买手套》		《你是我的妹》
	《神秘的石格格岛》		《渡过雪原》
三年级	《小白兔姑娘》	六年级	《大海在哪里》
	《玩具历险记》		《小河弯弯》
	《蓝兔子的秘密树洞》		《汉娜的手提箱》
	《当花儿休息的时候》		《远方的小星星》
	《淘气的阿柑》		《吞田狐》

　　"鹏声分级阅读"系列按照不同年龄段孩子心智发展的需求，设定并配置读物。将小学生身心发育、智力发育和年龄特征按照 1—6 年级分层，每个年级推荐一套由五册单行本构成的丛书。六个年级，六套丛书，内容涵盖认知、教养、行为、文学、艺术等方面；体裁也相当丰富，包括图画书、童话、小说、散文、诗歌等。每个年级的读物中，不单有国内名家的优秀作品，还精选了部分国外获奖少儿文学佳作。从一年级到六年级，图画递减，文字量递增，一年级文字还配有拼音，满足不同年级学生的阅读需求。

　　随后，华东师范大学出版社学前教育分社完成关于儿童学前分级阅读的课题，并出版了阶段性研究成果——"阅读树——学前儿童分级阅读能力培养用书"，迈开了产学研一体化的第一步。"阅读树"系列丛书以"建立儿童阅读能力发展分级目标与评价框架，推进阅读教育的研究，规范阅读教育教学"为要旨，将全套 21 册分为三级，对应学前教育的小、中、大班，每级为 7 册图画书，从小班开始，循序渐进地帮助学前儿童形成对文字、图书的兴趣，帮助培养儿童的初级阅读能力。

表 4-2　"阅读树"——学前儿童分级阅读丛书

分级级别	图画书	类型
1级	《念儿歌 读童谣（1级）》	儿歌童谣
	《谁拉的便便》	科学故事
	《火车火车呜呜叫》	生活故事
	《南瓜小房子》	生活故事
	《我的家》	生活故事
	《一颗纽扣》	生活故事
	《应该怎么做》	游戏故事
2级	《念儿歌 读童谣（2级）》	儿歌童谣
	《水会变哦》	科学故事
	《边界》	科学故事
	《年》	生活故事
	《摇滚青蛙》	生活故事
	《撕呀撕呀》	生活故事
	《我们去探险》	游戏故事
3级	《念儿歌 读童谣（3级）》	儿歌童谣
	《长大是怎么一回事》	科学故事
	《地球的呼吸》	科学故事
	《夜里什么人不睡觉》	生活故事
	《鸟窝里的树》	生活故事
	《会走路的树》	生活故事
	《我们来设计》	游戏故事

"鹏声分级阅读"系列和"阅读树"系列的问世，为出版市场带来了新的活力，此后一段时间内，不少出版机构纷纷效仿此模式，推出诸多分级图书精品。如南方分级阅读研究中心研发出版的分级阅读丛书——"彩虹系列"，以颜色作为分级标识，体现教育与趣味并重，到 2013 年为止已出版红皮书和蓝皮书两种分类颜色的丛书，"读文学看红皮书，读科普看蓝皮书"，简单明了，成为儿童读物选择的新时尚；二十一世纪出版社推出的"世界经典文学分级阅读文库"，将经典与导读深化拓展；化学工业出版社与首都师范大学教育部社科儿童分级阅读研究课题"基于阅读教育的小学阶段分级阅读研究"项目组合作研制的《海绵儿童分级阅读书丛》，配合阅读测试，由低级到高级难度不断深入。图书出版由资深教育工作者、心理学研究者、健康教育工作者、作家、研究者合作联动，经历严格审查过程，不断推动分级市场繁荣发展。

（三）中文分级测评框架及工具成形

在阅读能力测评上，只靠引进国际阅读素养测评体系是远远不够的。一方面，中文的语言结构和英语存在巨大差异，词汇的表义和句式的表达难以照搬国外测评体系进行量化；另一方面，成长环境和教育的差异导致阅读这一社会行为存在明显差异。在这一背景下，北京师范大学儿童阅读与学习研究中心从儿童心理发展、语言能力促进和阅读习惯培养的角度出发，于 2018 年"世界读书日"前夕发布了本土化阅读素养测评项目——"SLARE 学生阅读理解能力测评与阅读素养评估项目"。

该项目开发出专业测评学生阅读学习发展状况的工具——"SLARE 阅读与学习能力测评系统"。测评方式是通过填写测评量表及相关调查问卷，包括《学生阅读能力测验题》《阅读状况学生问卷》《阅读状况家长问卷》《SLARE 量表评分及常模标准》，评估分析受测学生的阅读理解能力及阅读素养发展水平，考查学生阅读的兴趣、态度、策略、需求和阅读量，了解家庭和学校环境变量对学生阅读的影响，发现学生潜在阅读障碍及其个性阅读特点，提高对学生阅读指导的针对性与有效性，完善学生课外阅读指导，激发学生的阅读兴趣，为学生阅读能力的提升提供可靠依据。测评从直接提取、直接推论、解释并整合观点和信息、检视并评价内容、语言和文本成分等题型考查学生的阅读能力，并提供阅读测评报告解读和干预策略，有针对性地予以引导。

相较于推荐适读书目，编制阅读水平参考建议，"SLARE 学生阅读理解能力测评与阅读素养评估项目"将阅读能力的评估作为分级阅读的核心，孕育出首个中文分级阅读测评工具。该项目从国内教育的背景及学生阅读学习发展状况出发，通过测评工具了解、掌握学生阅读状况，评估青少年的阅读素养发展水平，从而支持课堂内的阅读教学，完善学生课外阅读指导，激发学生的阅读兴趣，形成良好的终身阅读习惯及学习发展能力，对于学龄儿童的分级能力认定具有一定的参考价值。

（四）政策规划开展分级阅读

为促进分级阅读理念的传播，引导分级阅读推广的实践尝试，政府积极规划，引导和指引分级阅读发展。

1.《中国儿童发展纲要（2011—2020 年）》

2011 年 8 月，国务院制定的《中国儿童发展纲要（2011—2020 年）》（以下简称《纲要》），首次明确提出，以"培养儿童阅读习惯，增加阅读时间和阅读量；90% 以上的儿童每年至少阅读一本图书"为目标，要"推广面向儿童的图书分级制，为不同年龄儿童提供适合其年龄特点的图书，为儿童家长选择图书提供建议和指导"。[①]《纲要》是国内首个在官方正式文件中提及"分级阅读"的政策纲领，对于分级阅读的推进，具有里程碑式的意义，分级阅读迎来由民间

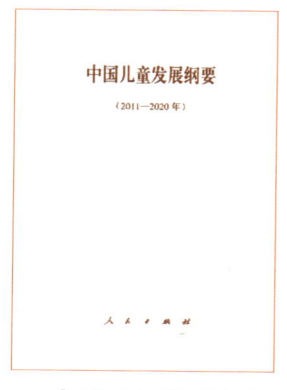

《中国儿童发展纲要》

---

① 国务院关于印发中国妇女发展纲要和中国儿童发展纲要的通知［EB/OL］.［2011-07-30］http：//www.gov.cn/gongbao/content/2011/content_1927200.htm.

倡导走向政府关注的转折。

2.《全民阅读"十三五"时期发展规划》

2016 年 12 月，《全民阅读"十三五"时期发展规划》（以下简称《规划》）将"大力促进少年儿童阅读"作为一大战略，规划"加强对少儿阅读规律的研究和运用，科学研究不同年龄、不同群体、不同性别少年儿童的智力、心理、认知能力和特点，借鉴国外阅读能力测试、分级阅读等科学方法，探索建立中国儿童阶梯阅读体系，加快提高我国少年儿童的整体阅读水平"。[①]为推广少儿阶梯阅读，要"建立符合中国儿童特点的阶梯阅读体系，开展我国少儿阶梯阅读工程的研发及推广应用工作，开展我国少儿阅读能力测试项目的研发工作，建设少儿阅读能力监测体系，科学推动整体提高少儿阅读能力"。[②]《规划》将儿童阅读作为全民阅读的重要组成部分，提出借助分级阅读提高儿童阅读水平，将分级阅读的目的上升到了价值观认同阶段。

3.《全民阅读促进条例（草案）》

2017 年 6 月，国务院法制办公室公布实施《全民阅读促进条例（草案）》（以下简称《条例》），《条例》中第十九条明确写道："国务院新闻出版广电行政部门和国务院教育行政部门应当根据未成年人身心发展状况和实际情况，制订未成年人阅读促进计划、实施方案和未成年人阅读分类指导目录。国务院教育行政部门在推进实施素质教育的过程中，应当根据未成年人身心发展状况和实际情况，加强培养其阅读兴趣、阅读习惯和阅读能力。"《条例》尝试从立法手段出发，规范读物分级市场，对儿童读物市场发挥指引作用。

经过以上梳理不难看出，虽然我国分级阅读体系的研究和实践起步较晚，但近年来，以南方分级阅读研究中心和接力儿童分级阅读研究中心为主体，初步形成了两大分级体系，出版了一批制作精良的分级读物，也逐步开始中文分级体系

①③ 《全民阅读"十三五"时期发展规划》发布 [EB/OL] . [2016-12-27] http : // www.xinhuanet.com/politics/2016-12/27/c_129421928.htm.

的本土化探索。我国分级阅读体系实现了从无到有，从单个读物选择标准和儿童阅读水平与心智发展建议，到拥有一批满足阅读选择的读物，从专家的经验分级上升到拥有测评分级思维，将引进与原创结合，细分儿童读物市场。最初由出版商倡导的分级阅读概念，吸引了越来越多的关注，积累了一定的实践成果，并在政策规划的基础上逐渐走上正轨。

附1：儿童青少年分级阅读内容选择标准（南方分级阅读研究中心研制）

一、总目标

1. 通过制定《儿童青少年分级阅读内容选择标准》，让儿童青少年能够根据身心特点和审美趣味，选择适合其水平的读物，帮助儿童青少年获得最大的阅读成就和体验阅读带来的喜悦。培养儿童青少年浓厚的阅读兴趣，引导儿童青少年建立起适宜的阅读方式及良好的阅读习惯，让阅读促进儿童青少年的身心健康发展。

2. 《儿童青少年分级阅读内容选择标准》《儿童青少年分级阅读水平评价标准》与《儿童青少年分级阅读水平评价方法》等，形成儿童青少年分级阅读综合性的科学评价体系，为中国儿童青少年读物出版提供分级阅读指导书目和指导建议，以建立儿童青少年分级阅读科学标准为试点，促进全民阅读的科学化、系统化发展。

二、总原则

1. 根据儿童青少年不同时期的心理发展特征，遵循科学的指导，按循序渐进原则，选择适合不同年龄儿童青少年的阅读内容。

2. 参照《全日制义务教育语文新课程标准》中各学段阅读要求，选择具有系统性、科学性的儿童青少年分级课外阅读的读物。

3. 儿童青少年分级阅读内容的选择要体现教育与趣味并重，传统经典作品与现代美文并举，名家与新人、名著与新作兼顾。

三、分级阅读内容选择的总体要求

1. 《儿童青少年分级阅读内容选择标准》遵循儿童青少年年级特

点。小学1—2年级以阅读具体形象的图书为主；小学3—4年级逐步增加文字阅读数量，逐步扩展阅读范围，巩固阅读兴趣，培养良好的阅读习惯；5—6年级增加不同体裁的读物，拓展思维空间，形成个人的阅读倾向；7—9年级进一步扩大阅读范围，提高阅读质量，养成阅读个性。

2. 《儿童青少年分级阅读内容选择标准》要让儿童青少年在阅读中受到情感熏陶，获得思想启迪，享受审美乐趣，提高儿童青少年理解、欣赏和评价的水平。

3. 《儿童青少年分级阅读内容选择标准》要让儿童青少年掌握思维方法，引导儿童青少年从以具体形象性为主导的思维形式，过渡到以抽象概括为主导的思维方式，提高儿童青少年知识水平和智力水平。

4. 《儿童青少年分级阅读内容选择标准》选择文学类、科普类与实用类读物。

第一学段（1—2年级）

1. 选择内容丰富、形象具体、文字少、故事趣味性强的童话图画书（一年级加注拼音），图画书与文字书所占比例不少于1/2。逐步增加文字的阅读量，让儿童青少年在有趣的图画和文字的结合中，感受阅读的乐趣。

2. 选择具有更多现实性、体验性、思考性的童话故事、寓言故事、童谣等，使儿童青少年的情趣更加浓厚，吸引其独立阅读完一本书。

3. 选择带有具体感知的动植物知识的启蒙读物，激励儿童青少年产生更多的科学兴趣。

第二学段（3—4年级）

1. 选择浅显的具有哲理性的故事，帮助儿童青少年区别现实与幻想的差异，分辨美丑是非善恶，初步认识人类社会。

2. 增加散文、诗歌、科幻等多种体裁的读物，提供轻松幽默且品味高的作品，满足儿童青少年日益增长的求知欲和阅读需求。

3. 增加科普知识，扩大儿童青少年的视野。

4. 选择具有爱国主义和集体主义精神、具有传统文化精髓的故事，激发儿童青少年的爱国主义情怀。

第三学段（5—6 年级）

1. 选择具有奇幻色彩、侦探冒险精神、节奏感强和趣味性浓的读物，保护儿童青少年珍贵的想象力和自主探索的愿望。

2. 选择古今中外名家名篇的读物，以其感染和激励儿童青少年，提高他们的理解、欣赏和评价的水平。

3. 选择更多的科普类读物，为儿童青少年的科学探索精神提供养分。

4. 选择有利于引导儿童青少年认识世界与人生的励志读物，使儿童青少年树立远大理想，培养儿童青少年良好的个性品质。

第四学段（7—9 年级）

1. 选择有一定深度的、侧重逻辑思考能力的读物，发展儿童青少年思维能力，初步掌握科学的思想方法。

2. 选择体现科学精神和科学方法的读物，提高儿童青少年的科学创新精神和能力。

3. 扩大阅读范围，丰富儿童青少年精神文化生活，使其逐步形成相对稳定的阅读动机并养成阅读个性。

4. 选择富有哲理的历史故事、人物传记、长篇小说、优美散文等体裁的读物，帮助儿童青少年逐步形成积极的人生态度和正确的世界观、人生观、价值观。

四、其他

1. 《儿童青少年分级阅读内容选择标准》仅限于对儿童青少年课外阅读内容的选择，不作为儿童青少年阅读教学内容选择的标准。

2. 《儿童青少年分级阅读内容选择标准》仅限于1—9年级的中小学生选择课外读物的依据。

3. 《儿童青少年分级阅读内容选择标准》仅由南方分级阅读研究中心使用。未经批准，不得翻印使用。

4. 《儿童青少年分级阅读内容选择标准》由南方分级阅读研究中心在广东地区试行使用，逐步修改完善后向全国各地推广使用。

附2：儿童青少年分级阅读水平评价标准

一、评价目标

1. 通过评价，激发儿童青少年对阅读产生深厚的持久兴趣，形成良好的阅读行为和必要的阅读积累，促进儿童青少年课外阅读的良性循环，为终身阅读打下良好的基础。

2. 通过评价，了解掌握儿童青少年阅读的状况，评估儿童青少年的阅读水平，制定符合儿童青少年阅读特点的阅读指导，以建立儿童青少年分级科学标准为试点，促进全民阅读科学化、系统化发展。

3. 通过评价，检验和改进儿童青少年阅读学习方式和教师的阅读教学，完善儿童青少年课外阅读指导，将儿童青少年课外阅读评价纳入对儿童青少年的学力评价体系中，促进课堂阅读教学的提高。

二、评价原则

1. 坚持差异性原则。达标标准为：沿海发达地区75%，一般地区65%，非发达地区55%。

2. 坚持评价标准多样化原则。既有课外阅读的过程性评价，又有课外阅读的结果性评价。

3. 以鼓励表扬等方式为主，让儿童青少年从评价中体验阅读的快乐，最大限度激发儿童青少年课外阅读的积极性和主动性。

4. 以理解文本主要内容为评价目标，增强儿童青少年自信心，让儿童青少年获得成就感，减轻评价的心理压力，促进阅读水平的进步。

三、评价内容

主要评价儿童青少年课外阅读的数量，评价儿童青少年课外阅读的技能，评价儿童青少年课外阅读的习惯。

第一学段（1—2年级）

1. 阅读数量

（1）本学段读10—20本童话、寓言、故事等图画书或文字书。

（2）本学段完成不少于5万字的阅读量。

2. 阅读技能

（1）能在教师或父母帮助下学习默读。

（2）能借助读物中的图画理解作品内容。

（3）能读一个完整的故事。

（4）能看懂图的意思，有条理地说出图的内容。

3. 阅读习惯

（1）喜欢阅读，对阅读有兴趣。

（2）对喜欢的读物有反复阅读的要求。

（3）能专心阅读，不走神。

（4）爱护书籍，保持书籍整洁。

（5）乐于把自己的阅读内容告诉他人。

第二学段（3—4年级）

1. 阅读数量

（1）本学段读20—30本童话类、文学类、科普类等读物。

（2）本学段完成读书笔记10篇以上。

（3）本学段完成不少于40万字的阅读量。

2. 阅读技能

（1）会利用字典等工具书帮助阅读。

（2）能联系上下文理解词句的意思，体会词句在表达情感方面的作用。

（3）能领会老师的提示，边听边思考，勾画重点词句。

（4）会品读重点词句，找出其在上下文中的内在含义。

（5）学会分段，能初步把握文章的主题，并找出支持这个主题的关键语句。

3. 阅读习惯

（1）阅读中注意力集中。

（2）乐于与伙伴交流阅读后的感想。

（3）逐步养成每天读书看报的习惯，每天课外阅读不少于20分钟。

（4）收藏并与伙伴交流图书资料。

（5）具有相对稳定的课外阅读兴趣，有自己个人喜爱的课外读物或报刊。

（6）会制作读书卡，能积累作品中的生动词语、精彩句段。

第三学段（5—6年级）

1. 阅读数量

（1）本学段读30—40本中外名著和实用类书籍。

（2）本学段完成读书笔记20篇以上。

（3）本学段完成不少于100万字的阅读量。

2. 阅读技能

（1）联系上下文能够推断读物中有关词句的意思，体会其表达的效果。

（2）掌握文学欣赏性阅读、了解信息性阅读和实用操作性阅读的基本阅读方法。

（3）会分析文章的结构，概括中心思想。

（4）提高默读速度，默读时每分钟不少于300字。

（5）与伙伴交流阅读中自己的感受，并能对读物做出简单评价。

3. 阅读习惯

（1）广泛阅读印刷或电子文本，包括现实和科幻作品，有明显的个人阅读倾向。

（2）养成每天课外阅读的良好习惯。每天课外阅读不少于30分钟。

（3）能利用图书馆、网络等信息渠道进行探究性阅读。

（4）乐于置身于阅读活动中。

第四学段（7—9年级）

1. 阅读数量

（1）本学段读50—60本各类读物（古诗词、文言文、散文、小说、戏剧、议论文等）。

（2）本学段完成读书笔记30篇以上。

（3）本学段完成不少于260万字的阅读量。

2. 阅读技能

（1）能根据阅读需求使用不同的阅读方式。

（2）阅读时能理清思路，理解主要内容，体味和推敲重要词句在语言环境中的意义。

（3）熟练运用略读和浏览方法，扩大阅读范围，拓展视野。

（4）养成默读习惯，阅读一般现代文每分钟不少于500字。

3. 阅读习惯

（1）扩大阅读领域，形成阅读个性。

（2）能制订自己的阅读计划，坚持每天看书读报1小时以上。

（3）能利用各种工具书、网络、图书馆等收集自己所需的信息和资料。

（4）喜欢思考阅读内容，在文本中做批注。

（5）积极参加阅读活动，喜欢表达自己的阅读感受。

四、评价方法

1. 评价主体多元化：采用学生自评、互评，家长评、教师评的多元主体评价。

2. 评价形式多样化：采用网上多样化的评价方法，即在网上进行阅读测试、阅读问卷调查、读书笔记展示等进行评价。

五、其他

1.《儿童青少年分级阅读水平评价标准》仅限于对儿童青少年课外阅读水平进行评价，不作为对儿童青少年的学力考核标准。

2.《儿童青少年分级阅读水平评价标准》适用于中小学生（1—9年级）的课外阅读水平的测试依据。

3.《儿童青少年分级阅读水平评价标准》版叉所有，仅授权南方分级阅读研究中心使用。未经批准，不得翻印使用。

4.《儿童青少年分级阅读水平评价标准》由南方分级阅读研究中心在广东地区试行使用，逐步修改完善，向全国各地推广。

5.《儿童青少年分级阅读水平评价标准》与《儿童青少年分级阅读水平评价方法》配套使用（《儿童青少年分级阅读水平评价方法》采用网上测试，此系统正在研发中）。

在分级阅读实践和理论研究上，西方的分级阅读发展要远远早于我国。美国的早期阅读教学即从字母表到简单短语，然后开始阅读《圣经》，循序渐进的阅读是其传统。自19世纪发行的第一套社会化分级读物——《麦家菲读本》畅销以来，分级阅读理念已有100多年的发展历史。20世纪20年代，西方出现了多种不同的分级阅读体系，20世纪30年代的分级读本有了确切的分级标准[1]，基于儿童心理、生理发展阶段的科学划分衍生出多种分级阅读体系，包括蓝思阅读测评体系（Lexile）、读者促进体系（AR）、发展性阅读评估体系（DRA）、阅读数量分级体系（RC）、指导性分级阅读体系（GRL）、阅读能力等级计划（DRP）等。在英国，自20世纪20年代以来，就有了第一个文本可读性公式[2]，有专门供儿童分级阅读使用的出版物，小学教育阶段根据儿童的阅读水平和词汇量积累进行有针对性的阅读指导[3]。

在欧美国家，以出版商为主导的分级阅读在图书营销竞争中不断发展，分级阅读方案的实施在2008年达到顶峰，阅读的重要作用和未成年人阅读指导在全世界范围内引发广泛关注。2008年，欧洲多家出版商联合宣布将会在2008年夏季后将他们的图书分级，分为适合5岁以下读者阅读，适合5—7岁读者阅读，适合7—9岁读者阅读，适合9—11岁读者阅读和适合13岁以上读者阅读这五个阅读层次。分级阅读凭借其科学的参考性，逐渐演变为一种成熟的未成年人阅读

---

① 詹莉波，尤建忠.儿童图书"分级阅读"在我国的生存现状与问题研究[J].中国图书评论，2010（6）：114–118.

② 曹志蕊，狄姗."i+1"理论指导下的英文作品分级阅读[J].时代文学（下半月），2010（6）：66–67.

③ 李爽.独木和森林——也谈英国小学的分级阅读[J].出版广角，2011（6）：26–28.

模式。

除了历史发展背景，中外分级阅读在多方面存在差异。从表4-3中可以看出：

表4-3 中西分级阅读对比一览表

差异	分级方式				
	Lexile（数字体系）	GRL（字母表体系）	AR（年级体系）	南方分级体系（年级体系）	接力分级体系（年龄体系）
分级标准	语义难度和句法难度	词汇数量、词频、句式复杂度等	平均句子长度、平均单词长度、词汇难度和全书单词数	儿童心理发展特征、《全日制义务教育语文新课程标准》中各学段阅读要求	参考国内外分级阅读理论，并综合考虑儿童心智发展水平和阅读欣赏习惯及篇幅、难度、主旨等
分级读物	官网支持选定蓝思指数范围，选定兴趣图书门类	官网提供32000种分级图书，每月在线更新	官网免费支持查询AR分值对应的书籍	——	提供200种参考书目
研发过程	MetaMetircs教育公司独立开发，接受政府资助，测评完全依靠计算机	两位阅读专家开发，既依靠计算机测试程序，又需要人工参与	独立评测机构Renaissance Learning研发，开发出测评分值公式	出版社和合作专家	出版社和邀请专家
分级特点	阅读测试与读物难度匹配	图书内容、深度等	独立测评体系，英语阅读能力与读物对应，除了评测语言难度还评定兴趣水平	参考教育学段要求，提供课外阅读建议	提供成人辅助孩子阅读的参考和与一般性心智发展相关的阅读建议

（续表）

差异	分级方式				
	Lexile （数字体系）	GRL （字母表体系）	AR （年级体系）	南方分级 体系 （年级体系）	接力分级 体系 （年龄体系）
适用年龄	美高中G12年级水平	美小学六年级水平	美高中G12年级水平	中小学阶段	0—12岁
分级运用	使用机构遍布全美50个州、全球24个国家；儿童图书出版领域	分级方法被很多数据库采用，作为检索项或标注图书级别；很多国际学校运用该体系的英文图书上课；儿童图书出版领域	英美两国甚至全球很多学校会购买该系统；提供多样化的教学及阅读产品服务；儿童图书出版领域	——	——
分级不足	过分强调计算机量化，忽视主观判断，机械化评测	没有对读者英文阅读水平进行测试；超过初中水平不再适用	以美国学生某一年级某个月的阅读水平为评价标准，理解较为困难；对教师、家长的辅助指导要求高	没有对读者阅读水平进行测试；年级分级界限模糊	没有对读者阅读水平进行测试；读物选择有限

一、分级阅读标准与方式不同

西方的分级阅读方式有很多种，分级阅读按体系大致可以分为以 GRL 为主的字母表体系、以 Lexile 等为典型的数字体系和以 AR 为代表的年级体系三种。GRL 按照字母顺序 A 到 Z，由易到难把图书分成 26 个级别。Lexile 采用测评分值来衡量读者阅读水平、标识出版物难易程度：从语义难度和句法难度两个维度来衡量读物难度；根据阅读题目测试，综合分析读者的阅读能力。AR 评价读者的阅读水平等同于美国学生某一年级某几个月的阅读水平，通过对整本图书的平均句子长度，平均单词长度、词汇难度、全书单词数四个因素的分析得出一本书的语言难度，并将主观因素与客观因素相结合，依靠分级阅读专家对图例、句子复杂度、思想内涵等进行分析，将 K—12 年级分为四个阶段，根据对应的理解能力和心智水平，给出一本书的兴趣水平参考。

相较于国外的分级标准，国内的分级标准还存在一些问题。

首先，分级标准粗糙简单。目前，我国汉语分级标准以南方分级体系所公布的《儿童青少年分级阅读内容选择标准》和《儿童青少年分级阅读水平评价标准》，以及接力出版社的《中国儿童分级阅读指导手册》和《中国儿童分级阅读参考书目》为主要内容，两大标准的设计以分级阅读理念为指导思想，为儿童读物的选择提供建议。但就整体而言，分级的标准相对简单。

南方分级体系从个体的心智、成长阶段和《全日制义务教育语文新课程标准》的要求出发，将儿童的阅读分为四个学段，四个分级阶段和课外读物内容匹配，从阅读数量、阅读技能和阅读习惯上考察各个阶段的阅读水平，将阅读行为表现作为读物选择参考，但忽视阅读文本的分析，缺乏读物的分级。

接力分级体系经过对儿童身体与动作发展，认知与智力发展，语言发展，情绪、人格与社会发展四个因素的观察，将 0—12 岁儿童细分成 0—3 岁、4—6 岁、7—8 岁、9—10 岁和 11—12 岁五个年龄段的阅读群体，综合考虑不同年龄阶段儿童身心发展的特征和规律，综合图书的篇幅长短、难易程度等因素，参阅国内外的儿童文学奖项和国外分级体系，列出 200 种参考书目，但书目选择侧重于经验总结，缺乏具体的选择方案，实用性不够。

从读者分级来说，依据年龄、年级的分级过于宽泛，忽略了读者的个体差异；从读物分级来看，以经验判断为参考依据，对读物的难易程度评估缺乏细节考量。不管是南方分级体系还是接力分级体系，对适读儿童的分级从年龄、年级出发，不加细致分析，"为合适的读者匹配合适的读物"变成"什么年龄（级）读什么书"，分级阅读也就变成刻板概念。

其次，分级标准重主观经验，轻客观量化。分级标准的制定是一个系统而复杂的工作，是基于未成年人认知、语言、情感和社会认同等方面的复杂研究，是对文本词汇、句子、思想等要素的全面、精确分析。一方面，阅读行为是一种社会行为，阅读水平的衡量涉及多个因素；另一方面，读物创作、文本内容的解读视角多样，如何通过科学的指标，客观审度美学作品，在不违背作者创作意图的前提下，为儿童标注阅读文本的可读性，帮助读者选择合适的读物，不是一朝一夕可以完成的。

回顾我国分级阅读的进程，不难发现，接力分级体系和南方分级体系综合考虑了儿童心智发展水平和阅读欣赏习惯及阅读文本的篇幅、难度、主旨等因素，依靠专家集体智慧发布了阅读水平评价标准或读物选择建议，但两大体系都只是提供了简单分级和读物选择建议，缺乏对阅读能力精确的测评，比如对阅读文本的词汇量、词汇难度、句子长度、文本类型和阅读障碍等的细致量化分析。在分级阅读起步阶段，这些分级建议虽然具有一定的参考价值，但在制定分级标准的过程中都或多或少的存在以经验分级为主、缺乏客观量化的特点，忽视了读物文本和读者个体阅读认知等细节的关注，对阅读文本难易程度划分界限比较模糊。

尽管 2018 年发布的"SLARE 阅读与学习能力测评系统"提供了阅读能力测评工具，从文本的直接信息提取、直接推论，解释并整合观点和信息，检视并评价内容、语言和文本成分等题型考查学生的阅读能力，并提供阅读测评报告解读和干预策略，有针对性地予以引导，但尚不提供对应的分级读物，实际效果还未有定论。

缺乏对读物内容深度和读者阅读能力的客观分析指标和缺乏阅读水平测评的参考书目以及缺乏文本的分级标准，同样都无法实现阅读能力和文本匹配。这样的分级阅读，于读者而言，又有何价值？

二、分级阅读的运用不同

以蓝思阅读测评体系为例，该体系是西方分级体系中发展得较为成熟、应用最广泛的阅读难度分级系统。该体系作为一种重要的阅读教学工具，大约 50%的美国中小学生使用蓝思分值来衡量自己的阅读水平，选择适合的图书。在美国，主要的学术及语言测验如 SAT（学术能力测验）、TOEFL（托福）、GRE（美国研究生入学考试）等重要的标准化考试等均有和蓝思分值关联的转换对应表。在学校教育中，教师也在使用蓝思分值为提高学生阅读兴趣、水平和成绩服务。教师会根据学生的蓝思分值对学生进行恰当分层、分组教学。同样精确的 AR 分级系统，在英美两国乃至全球都有很多学校和学生在使用。

我国的分级阅读起步较晚，在理念和实践运用上，还存在局限。

首先，分级体系影响微弱。在国内，不管是中文分级阅读还是英文分级阅读都主要是针对课外阅读，基于课堂的阅读教学和互动不是主流。分级图书集中于课外读物市场，分级标准作为课外阅读的参考是分级阅读的主要发展方向。即便南方分级体系参照《全日制义务教育语文新课程标准》中各学段的阅读要求，也只是从课外阅读辅助入手，建议选择具有系统性、科学性的儿童青少年分级课外阅读的读物。产生这一现象的原因与我国分级阅读发展尚不成熟，以及义务教育的特点不无关系。即便有出版商的宣传和国外教育与课堂教学成功运用分级阅读干预阅读训练的案例，我国的分级阅读与学校教育在目前还难以产生互动，这在一定程度上决定了课外分级阅读难以产生持续、广泛的影响。

同时，相较于国外分级体系由第三方机构发布的独立性，由出版社研发的分级体系难免遭受质疑。出版社作为分级读物的利益相关者，宣扬分级阅读理念的行为本身就充满争议。读物的可读性和易读性定位意味着读者群体的特定性，分级的意图是面向特定对象的图书营销还是针对读者的个性化阅读服务？粗糙的分级和过度的宣传，以及良莠不齐的读物质量，种种原因皆使得大众对分级阅读的价值持观望态度。

另外，面向中小学阶段阅读群体的分级参考体系是现阶段分级阅读推广的主要内容，无论是南方分级体系四个学习阶段的划分，还是接力分级体系五个年龄段的分层，甚至是"鹏声分级"系列为小学阶段读者编选的丛书。这种趋向特定年级、年龄读者的分级阅读，对低幼儿（0—6 岁）和大龄儿童（12—18 岁）群体关注稍显不足。分级对象的年龄层次过于集中，分级阅读缺乏整体布局，也是分级体系辐射对象有限，影响范围狭隘的一大原因。

其次，读物选择有限。分级体系的难点在于为读者匹配读物。分级阅读思想是一种有针对性的、精准的阅读推广理念，是个性化阅读服务的体现。所以分级读物的选择不仅在于精准的分级体系，更重要的是运用科学的分级，帮助读者有针对性地选择读物，满足读者需求。

从现有分级图书来看，已具备分级属性的读物分为两种类型。一是出版社以特定读者群体为目标，秉承分级理念出版、发行的分级图书。典型的如华东师范大学出版社的"阅读树"系列，面向幼儿园阶段儿童，全套书共21册，分为三级，每级为7册图画书；"鹂声阅读"系列面向小学阶段六个年级，每个年级每套丛书仅有5册图书。这种类型的分级读物在图书市场上尚属于个别出版社的尝试，市场占有量较小。二是现有分级体系推荐的参考书目，如接力出版社发布的《中国儿童分级阅读参考书目》，该书目由已出版的优秀获奖图书筛选编订而成，每个年龄阶段有50本图书可供选择。两种类型的分级读物总体上可供选择的数量都非常有限。

最后，除了读物数量有限，读物内容也乏善可陈。第一，所列参考书目的内容深度有限。接力分级体系的参考书目前四个年龄段以图画书为主要类型，后两个年龄段增加了小说类。内容上追求趣味、简短的篇幅和尽可能丰富的主题。"鹂声分级"系列从一年级到六年级，六套丛书的图画内容递减，文字量递增。总体而言，内容相对简单，更适合低幼阅读群体。第二，读物内容的广度不够。读物的内容跨度有限，一方面，是由分级读物数量有限决定的；另一方面，外文图书的译本占据半壁江山，获奖图书是主要来源。由此可见，分级读物无论是在数量还是质量上都不尽如人意，分级读物的匮乏让分级阅读沦落为一个空洞的概念，难以深入发展。

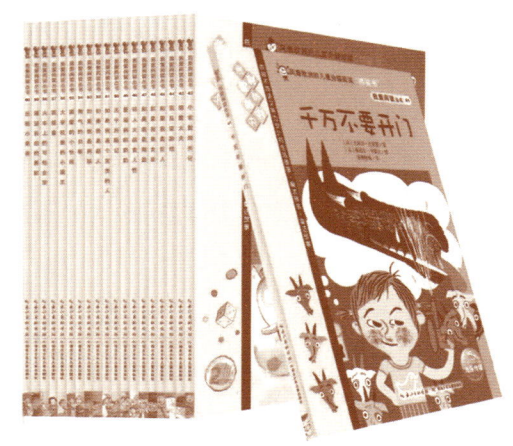

"海豚绘本花园：我爱阅读"系列丛书

三、分级阅读研发还有待深入

分级阅读是一个复杂的社会活动，既需要把握阅读主体——儿童，分析其阅读行为特征和阅读需求，提供阅读方法指导；又需对阅读客体——读物，进行筛选。分级阅读的难点是选书目，选什么、怎么选、谁来选涉及分级阅读的理念、方法和精神。只有真正关心、了解儿童成长发展规律的分级阅读人才能从儿童的阅读需求出发，做好分级阅读，保证分级阅读的权威性、专业性和科学性。[①]

阅读能力和读物的匹配绝不是简单的选择题，需要语言学、心理学、儿童文学、教育学、出版科学等领域学者的协同合作。在西方分级阅读近百年的发展史上，研发了多种分级体系。如蓝思体系，最初是由"MetaMetrics"—— 一个美国教育测量和研究组织的心理测量小组开发出来的，后由美国健康研究院资助继续发展；AR 分级系统由英国 Renaissance Learning 公司开发；GRL 分级体系是由两位教育专家于 20 世纪 90 年代研发的图书分级体系。在西方分级标准的酝酿过程中，研究机构、学者、社会团体、政府等积极参与其中。

分级阅读这一概念传入我国后，以南方报业集团为代表的出版行业积极宣传，成立分级阅读研发中心，构建分级体系，发行分级图书，形成了完整的产业链。随着时间的推移，最初以出版商为核心进行宣传的理念，逐渐受到公共图书馆、学校、其他研究机构的关注。在教育领域，不少学者对利用分级阅读辅助国内英语教育的可行性和时效性展开了讨论；多家英语教育机构积极研究国外分级体系与本土化的结合，开设分级阅读课程，设计分级阅读产品。在图情领域，有学者将儿童阅读心理的发展类型及其特点划分为幼儿阅读期、学前阅读期、转换阅读期、丰富阅读期、深入阅读期和高级阅读期。[②]不少学者从公共图书馆的未成年

---

① 王泉根.新世纪中国分级阅读的思考与对策[J].中国图书评论，2009（9）：101–105.

② 廖连生.儿童阅读心理探析及其教育策略[J].福建图书馆理论与实践，2007（2）：32.

人阅读推广服务出发，提出结合馆藏资源，编制推荐书目，开展读书活动，提供分级阅读指导。在文学领域，以王泉根为代表的学者，对分级阅读的价值和实施原则、对策展开了讨论；在心理学领域，北京师范大学儿童阅读与学习研究中心积极研发中文分级本土化阅读素养测评体系……

在实践推广中，政府虽然从宏观角度对实施分级阅读活动进行了规划，但具体投入和实施细节以及监管体系等还未落实，依靠大集团或出版社建立起来的分级阅读研究中心仍然是社会力量的推动。缺乏政府主导和推动，使得我国分级阅读测评系统开发缓慢，分级阅读工作难以和学校教育接轨，始终停留在课外分级阅读的宣传、研发阶段。

分级阅读是一项智力系统工程，需要整合多学科、多行业的智慧与力量，为分级阅读的发展提供强大助力，进而在年龄分级的基础上，实现对各类知识读物科学的、合理的配比，在纵向年龄分级的同时，横向拓展知识深度；顺应数字时代发展的需求，借助多种载体和媒介，调动不同年龄层读者的兴趣；顺应分级阅读朝着多年龄段、多知识结构、多媒体融合和性别细分的趋势发展。

尽管有一些分级阅读推广人走在了时代前列，积极宣传、推广分级理念，尝试构建分级阅读体系，推广分级读物，但分级阅读的价值还缺乏必要的认同。在分级体系上，发展还不完善，存在分级粗糙、计量分析不足的问题；分级标准缺乏科学性和系统性；中文分级阅读体系不完善，不适用于本土环境；以出版商主导的分级体系的分级目的和分级读物市场营销策略缺乏公信力和权威性、行业结构单一等问题。要想实现分级阅读的全面发展，还有很长的路要走。

第五章

分级阅读的实现途径

实现分级阅读的思考

分级阅读资源介绍

分级阅读是一种旨在引导儿童阅读并帮助儿童提高阅读能力的阅读方法，被认为是一种有效的阅读指导模式，在全世界范围内受到关注。随着分级阅读在中国的传播和发展，尽管越来越多的人开始认识到这一理念，了解到分级阅读对儿童发展的重要意义，但对如何实现阅读的分级仍充满疑问。对比中西分级阅读的发展情况，也不难发现，虽然在政策引导和实践尝试中，分级阅读推广积累了一些经验，但分级阅读的引入过程存在着推广主体单一、研发力量不足、分级体系影响甚微、读物选择有限、运用场景单一、量化测评不够等问题。同时，已成形的分级体系对年级、年龄、儿童心理特征和限定年级里的阅读能力等要素进行了分析，不管是对阅读能力的整体描述，还是先分解能力水平和文本难度可能的主要相关因素，然后分项、逐级描述在特定级别、特定要素的表现或特征[1]，抑或是对阅读能力和文本标尺式的测量，分级标准的设计和制定都不是各因素的简单拼凑，读者与读物的匹配也不是单向连线问题。真正的分级阅读是一个系统性的智力工程，需要调动与整合有关心理、教育、文学、语言、美术、出版、传媒、文化等多方面的资源与人才。要做好分级阅读，必须对实施分级的主体、对象、目的等有清醒的认识，找出分级的关键和重难点，进而才能找到实现分级阅读的方法和路径。

一、坚持"儿童本位"是实现分级阅读的出发点和归宿

既然分级阅读是一种指导儿童阅读的方法，就必须了解儿童的智力和心理发

---

① 叶丽新.分级阅读标准研制中的基本问题［J］.上海课程教学研究，2016（6）：68–77.

育程度，尊重儿童的阅读特征和阅读兴趣，考虑到儿童群体的特征及内部的差异性，这是实现分级阅读的出发点和归宿。在这一点上，著名的儿童心理学家、教育家、北京师范大学的王泉根教授提出，分级阅读要从儿童观出发，熟悉和了解儿童的心智发展特点，并具备一定的读物选择经验，通过专业的知识为儿童科学地选择读物。一切从儿童的实际出发，包括儿童的年龄特征、思维特征、认知特征、社会化特征、时代特征，这是分级阅读的基本原则。因而分级阅读既是"因材施教""因人而异"，又是"量身定做""细分读者"。^①针对不同孩子采取分级的阅读方式，适应儿童的阅读认知，从儿童出发，以儿童为中心，从儿童的心理、年龄、认知、阅读习惯、阅读动机等角度出发，科学地选择、供应适合于儿童阅读能力的读物，并引导儿童阅读，才能最终完成分级阅读。

二、匹配读者与读物是实现分级阅读的关键

除了对儿童这一阅读行为人所特有的特征进行分析，充分揭示阅读文本的语法结构、语义内容和语用情境，最重要的是把握儿童与阅读文本的对应和相互匹配问题。这也是实现分级阅读的关键所在。围绕读者与读物两大对象，实际上形成了诸多因素的组合。具体来说，包含以下几点：

1.年龄特征与阅读活动。虽然每一个个体的成长轨迹都是独特的，但是儿童在成长发展过程中，产生的生理变化，需要处理的社会关系、学习的知识等存在的交叉性让同一学龄段、某一特定年龄的儿童存在许多相同特征。尽管心智的发展与年龄的关系不是绝对的，但孩子在一定年龄阶段表现出的动作行为、语言能力、情绪控制和自我认知等方面的特征，在一定程度上会影响儿童对阅读需求的识别、阅读兴趣的产生和阅读行为的开展。处于低幼阶段、学龄阶段、青春期前后等不同阶段的儿童进行的阅读活动显然是存在差异的。

2.阅读心理与阅读认知。阅读心理存在一个自上而下的模式，是读者运用背

---

① 王泉根.理性看待新世纪的分级阅读[J].出版广角，2011（6）：12-13.

景知识从语言阅读中提取信息并获得意义的心理过程。①在阅读时能否关注文本的基本信息，能否自觉获取重要信息，能否迅速而准确地获取文本中的关键信息，能否理解文本大意，能否复述文本的主要内容，能否了解文本的感情基调，能否在阅

"南方分级红皮书"

"南方分级蓝皮书"

读过程中进行情节或事理上的简单推断……这一系列认知的过程实际上是调动知识背景，对语言进行加工，对信息进行抽象，并且全身心投入的过程，对语言的表达，字、词、句的组成，篇章的结构，主体的类型把握都会有不同的阅读认知。同时，相较于群体的共同特点，每个儿童的认知和习惯等都存在差异，个体的阅读心理和阅读认知需要有针对性地加以区别。

3.阅读水平与读物内容。阅读水平不单是对阅读认知能力的衡量，而且是对阅读行为和阅读活动的全方位考察。针对不同的阅读内容选择不同的阅读方式，使用不同的阅读策略，对阅读信息的不同加工以及阅读交流、信息反馈等都可以直观反映读者的阅读水平。比如阅读信息类文本，概括文本主要内容，提炼主要观点，理清文章结构，把握作者的表达逻辑，理解文字表达和图表之间的关系的能力；阅读文学类文本，体验文学作品的虚构性，文中人物的经历和情感，作者的写作思路和情感倾向，欣赏有意味的词语和句子，体味文本在体裁、结构、表现手法等方面的特点，结合作者和作品的背景诠释文本主旨……不同内容深度、主题侧重的文本阅读能力都指示着读者的阅读水平。而同一内容的文本，用不同的体裁表达出来，难度系数也是不一样的，例如用寓言、童话、故事、儿歌、童谣等形式表达，就会比用诗歌、散文等容易理解。还有词汇难度、句子长短、情

---

① 白学军，阎国礼.阅读心理学［M］.上海：华东师范大学出版社，2017：5.

节难度、主题深浅、引进图书的翻译质量等，也都影响到文本的难易程度和阅读的认知。

4. 教育目标与读本分级。分级阅读作为一种阅读指导方法，与当前阶段的教育目标和学校课程标准结合才能最大限度地发挥作用。我国的教育目标及课程教学标准对各个学习阶段的阅读教学进行了规范，描述了不同学龄层次儿童应养成的阅读习惯、阅读策略的掌握程度，以及到某一年级结束时应达到的识字量、阅读量等细节。每个年龄段儿童的识字量、阅读量等指标可作为衡量分级阅读文本难度的其中一个标准。

当然，读物和读者的匹配过程中还会出现更多因素的组合，各因素间的相互关系和特征属性对于设计分级指标、计算分级指标的权重、建立分级标准体系具有重要价值。

三、突出分级阅读的公益性是必要条件

众所周知，分级阅读在国内的传播最早是由出版行业主导的，几乎在"南方分级体系"和"接力分级体系"成形的同时，市场上出现了分级图书的策划出版和儿童书目的选择建议。分级阅读由一个专业概念走向大众视野，出版行业的宣传和推广贡献不容忽视。但也正因如此，分级阅读的目的遭受多方质疑。其中，对分级阅读推广价值的认同以及关于分级阅读的争论，归根结底是对其推广公益性的质疑。①分级阅读推广是引导儿童阅读，提高儿童阅读素养的公益性事业，也是实现分级阅读的必要条件。在保证分级阅读推广的公益性前提下，才能尽可能地让分级阅读的价值得到认同。

① 吴亮芳，李建红. 分级阅读推广的尴尬与出路 [J]. 出版发行研究，2010（10）：15–18.

四、保证分级标准的科学性和可行性实施准则

缺乏权威的分级标准是导致我国分级阅读推广效果不理想的主要原因。如何制定，是亟须解决的难题。将现有的分级阅读标准视作出版商营销噱头的误解，很大程度上与分级阅读的参与力量单一，分级体系缺乏公信力有关。为此，必须改变现阶段分级标准参与者和研发力量单一的情况，由政府或者第三方中立机构如研究所等来进行研发、制定，确保分级的专业性和科学性，保证标准的权威性。只有打破由出版行业这一利益相关者主导推广分级阅读的局面，支持更多行业、机构参与对分级阅读推广价值的评判、对分级阅读的宣传、对分级阅读各类标准的制定等，才能营造出重视分级阅读的氛围，凸显分级阅读推广的价值。

在过去一段时间内，长期由出版行业占据领导地位的分级阅读推广，在分级标准研发不足、分级体系不够完善的情况下，步履维艰。主体不明，立场尴尬，使得分级阅读的价值得不到应有的认同。在此情况下，实现分级阅读应该从多角度进行转变，坚持引入更多力量的参与，获得更多领域、专业的支持。当然，最关键的是围绕读物与读者的匹配，分析儿童心理、年龄、阅读认知等因素对分级指标和分级标准制定的相关性，保证分级阅读的科学性和严谨性。实现分级阅读，还是要以问题为导向，明晰推广主体，坚持儿童本位的原则，从引导儿童阅读、助推阅读能力提升出发，并回归到儿童本身；坚持公益性引导的立场，逐步扫清阻碍分级阅读实现的障碍，保证分级体系的针对性、科学性、可信度和可操作性。

随着传播媒介的改变和阅读文本的激增，阅读效率和阅读能力的提高成为全民关注的社会问题。阅读素养的培养和习惯的养成对未成年人群体而言，显得尤为重要。分级阅读从少年儿童的年龄（身心）特征、思维特征、社会化特征出发，选择、供应适合于不同年龄少年儿童阅读需要的读物，可以细化少年儿童的阅读能力，为少年儿童阅读提供方法和策略[①]，帮助少年儿童培养阅读习惯，进而影响人生观、世界观、价值观的形成[②]。优秀的分级阅读资源，能够给予儿童积极向上的引导。

在西方分级阅读市场上，可供使用的资源主要分为三种：一是分级阅读测评体系。通过测评，定位读物的难度和学生的阅读能力，从而为不同的读者匹配对应的读物，如 Lexile、GRL、AR 等。二是分级读物供应。这类读物主要是由出版社与分级测评系统的研发机构合作，由出版社提供与测评标准相对应的英文分级读物。比如欧美著名的大型出版社供应商牛津大学出版社、培生集团旗下的教育出版集团、儿童出版社 Scholastic 等。三是在线阅读平台。即为学校或家长提供辅助儿童阅读的线上解决方案，为激励、引导儿童阅读而开发的儿童在线阅读产品。比如 Raz-Kids、Achieve3000、FarFaria、Speakaboos.

近年来，随着分级阅读的传播，我国也涌现出不少分级阅读资源。一方面，多家外教机构、出版社积极引入国外的分级阅读教材、绘本图书、测评标准等，试图将分级阅读理念融入英语课外辅导课程体系，打造英语分级教学品牌。另一

---

① 王泉根.新世纪中国分级阅读的思考与对策[J].中国图书评论，2009（9）：101–105.

② 白冰.少年儿童分级阅读及其研究[J].出版发行研究，2009（9）：16.

方面，在分级阅读本土化的进程中，也积累了不少中文分级资源，出版了系列读物，给出了分级阅读参考书目……不同类型的分级阅读资源各有特色。本节将梳理作为阅读个体可以利用的分级阅读资源，希望能够为儿童分级阅读选择提供参考，帮助读者实现分级阅读。

一、英文分级阅读资源

（一）英文测评体系引入

ReadingPro 是以美国应用最广泛的蓝思分级阅读测评体系为框架搭建的在线学习平台，由 ETSTOEFLJunior 中国管理中心与美国 MetaMetrics 公司、美国 Highlight 出版社、美国 TCM 出版社共同研发。ReadingPro 引入的 Lexile 测评体系在原来的基础上做了适当的调整，定制了一套适合中国学生的测评题库。读者通过 ReadingPro 网站内置的 Lexile 英语阅读能力测评体系答题测试后，获得阅读能力蓝思分值，并可以根据蓝思分值和个人兴趣，在网站挑选相应的分级读物。读者在阅读的过程中可以定制个性化的英文阅读计划，自定义阅读时间，系统会自动采集阅读记录，从而帮助读者有计划、有针对性地独立开展英文阅读。同时，系统会定期提醒用户进行蓝思测试，直观了解阅读水平的变化，全面提高英文阅读能力。

除了提供部分免费分级读物，ReadingPro 还为部分读物录制了视频阅读赏析课程。课程内容包括阅读技巧、语法分析、文学鉴赏手法、思维培养和话题讨论等，并提供讲义和配套练习帮助学生检测学习效果，科学引导英语阅读，更加贴近中国儿童的学习需求。

（二）读物资源供应

1. 牛津大学出版社分级读物系列

牛津大学出版社自 15 世纪发展至今，已有 500 多年的历史，出版了大批内容优质、装帧精良的分级读物，以读物为基础，形成了一套完整的分级体系。

2017 年牛津大学出版社（中国）有限公司提出"阅读原力"（The Power of Reading）概念，在中国内地发行多本英文系列分级读物。

这一系列读物既包括根据中国孩子在不同年龄段的认知水平和语言学习规律，从该社多年来广受好评的明星读物系列中挑选出的"牛津阅读树"（Oxford Reading Tree）、"多米诺骨牌"（Dominoes）系列、"牛津书虫图书馆读物系列"（Oxford Bookworms Library）等经典本，题材丰富，话题多维，可以满足英语学习者广泛阅读的需要；也包括根据"牛津阅读树"和亚洲儿童英语学习的特点及语言难度改编而成的"牛津故事树"（Oxford Story Tree）和专门为中国儿童编写的英语启蒙读物"Tick-tock！"系列，以及根据中国教育部《英语课程标准》要求编写的"Happy Readers"，遵从中国孩子在不同年龄段的认知水平和语言学习规律，从中国英语课程教学要求出发，更加贴近中国儿童英语阅读的目标。此外，还有全新出版的牛津"阅读与探索"（Oxford Read and Discover）系列和牛津"阅读与想象"（Oxford Read and Imagine）系列等，将科技、自然及艺术与社会科学等非小说类读物与故事性读物结合，启迪儿童在虚构和现实间发挥想象、进行探索，增强阅读的兴趣。如表 5-1 所示：

表 5-1　牛津大学出版社（中国）分级读物列表

读物介绍	分级介绍	适用年龄	读物特色
Tick-tock!	3个级别，入门至初级，每级16册读物，共计48册	第1级适合0—3岁孩子启蒙阅读；第2级适合略有基础的3—5岁孩子；第3级适合夯实基础的5—6岁孩子	"Tick-tock!"是一套为中国幼龄儿童特别编写的英语启蒙读物。此系列读物包括故事、童谣、非虚构等多种文体，涵盖语言、健康、社会、科学、艺术等常识和早期数学等多领域的学习内容。主题设置符合学前儿童身心发展特点；插画设计生动形象；配套的《教师手册》和《亲子阅读手册》可满足学校学习和在家阅读的不同需求

（续表）

读物介绍	分级介绍	适用年龄	读物特色
Happy Readers	入门至初级，全系列分为6级，每级别8册，共计48册	5—12岁	全彩插图，采用国际化视角，将故事与儿童的日常生活相结合；各级的单词量、语法、语言难度和话题都根据中国教育部《英语课程标准》经过严格控制、精心把关编写；设置图片词典、读后活动和Let's have fun板块，帮助孩子扩大词汇量，培养批判性思维；《教师手册》和《亲子阅读手册》提供专业指导，方便课堂教学及家庭亲子阅读
牛津精选	2个级别，入门至初级	第1级：3—6岁；第2级：4—7岁	根据中国孩子在不同年龄段的认知水平和语言学习规律，从牛津多年来广受好评的明星读物系列中，精心选配出的套装；题材丰富、话题多维、侧重各异的亲子阅读套装，包括Oxford Reading Tree、Get Set Go、Dolphin Readers、Oxford Read and Imagine、Ticktock、Oxford Story Tree
牛津"阅读与探索"系列	6个级别	10—18岁	牛津"阅读与探索"系列是一套全新的非小说类分级读物，含有令人着迷的故事内容和抓人眼球的精美插图，主要面向10—18岁的读者。本系列特点是涵盖跨学科主题，包括科技、自然及艺术与社会科学，并配有丰富活动、专项练习和全彩照片，使英语学习变得激动人心，非常适合内容和语言整合学习
牛津"阅读与想象"系列	6个级别	7—18岁	与牛津"阅读与探索"系列读物之间的紧密联系可以使读者在虚构与现实之间去探索一个相同的主题。6个级别的每册故事紧扣相应的牛津"阅读与探索"系列科普读物。新增的2个级别更可以满足幼儿和低级别学生启蒙阅读的需求
牛津故事树	7个级别	5—14岁	牛津故事树是牛津大学出版社以享誉全球的牛津阅读树系列丛书为蓝本，根据亚洲儿童英语学习的特点及语言难度进行改编的英语教研成果

（续表）

读物介绍	分级介绍	适用年龄	读物特色
牛津阅读树	共分16个阶段，索格系列	3—8岁	这套书最大的优点是，故事性强，故事场景化、生活化，语言比较有趣，适合在独立阅读后期，当作趣味性读物来读
"多米诺骨牌"系列	5个级别	15岁+	"多米诺骨牌"系列是一套内容有趣且题材多样的全彩分级读物，每篇故事都配有吸引人的精美插图和易于阅读的章节划分，可以满足英语学习者广泛阅读的需要和准备国际语言考试的阅读材料。该系列依照牛津书虫系列大纲精心分级，最高为Level 3。每册故事平均字数13000字，含有1000个中心词，难度相当于CEFR B1、Cambridge IELTS 4.0、TOEFL iBT 58-86水平
牛津经典传说故事系列（第2版）	含5个级别，共30册	10—18岁	每本故事均配有精美全彩插图的术语表及图画词典，有助于读者积累词汇。而且每个故事之后都配有剧本，读者可以在学完故事后依照剧本进行英语戏剧表演
牛津书虫图书馆读物系列	7个级别	15岁+	题材包括古典故事、现代文学、科普小说及剧本，超过250本英文原著和改编作品
Oxford Progressive English Readers	6个级别	10—18岁	语境提示及生动插图丰富了读者对语法及词汇的理解；独特的词语及表达于故事中反复出现，深化读者的记忆；读后问题启发读者对想象文学的思考；在线提供详细的教学笔记、分级测验、工作表及读书报告模板；语言艺术CD光盘提供每级精选篇章的声演音频

　　牛津大学出版社（中国）的分级读物系列题材丰富、种类繁多，涵盖古典故事、现代文学、科普小说等各种类型，涉及语言、健康、社会、科学、艺术、数学等多个学科，内容、故事从儿童的日常生活出发，落实到词汇的积累中，知识性和趣味性兼具，能够满足多样的儿童阅读选择。同时，按照不同年龄阶段，循序渐进，提供低幼年龄启蒙阶段、中小学提升阶段到高中强化阶段读者的多种分

级读物，在年龄分级上实现了整体呼应，使得各个分级系列既相互独立，又可以在内容难度设置中形成完整多样的分级体系。而且，从中国儿童的心智发展和学习特点出发，有针对性地引入或改编、新编精品读物，并配合读物提供讲授课程和《教师手册》《亲子阅读手册》，为分级阅读提供科学指导，帮助孩子提升阅读能力，更好地体现了分级阅读的指导意义。另外，该系列读物在装帧、插图、图片词典编辑、读后活动和相关板块设置皆精心设计，色彩丰富，颇具欣赏性和可读性，是该系列读物的一大亮点。

2. "培生英语" 系列

培生集团是知名的教育集团，旗下拥有多个教育出版品牌，策划出版了一系列分级读物。进入 21 世纪以来，培生中国为国内的儿童英语学习者提供了一系列广受欢迎的朗文英语原版教程，比如《"趣鼠系列"幼儿英文启蒙立体绘本》《朗文少儿英文分级读本》《培生儿童学科英语分级读本》《培生英文分级读物》等。

"趣鼠系列"分为启蒙初级、启蒙中级、启蒙高级 3 个级别，分别适合 2—4 岁、4—6 岁、5—7 岁的学龄前幼儿阅读。该系列共有 36 个故事，围绕语言启蒙和心智成长两个维度展开，适合亲子共读和互动游戏。《培生儿童学科英语分级读本》则面向 4—15 岁的适龄儿童，包括 6 个级别的 44 册故事，以 CLIL（内容和语言整合学习）跨学科知识为特色，将丰富多彩的自然、艺术、风俗等学科知识、世界文化和英文故事巧妙结合，使孩子在故事探索中享受语言学习的快乐。而《培生英文分级读物》的分级书单更加庞大，同时结合最新颁布的国家《英语课程标准》划分适用年级，内容涉及名人、名著、电影、戏剧等不同领域，包括现代流行、经典名著和精彩原创三大类别，有助于提高读者的兴趣并能激发读者的自信心。

培生系列分级读物遵循语言学习的规律和不同年龄段学生生理和心理发展的需求和特点，利用多个系列多样的分级标准，提供内容丰富的原版英语阅读材料，围绕语言学习和心智成长，推出分级教育资源，对于儿童提升学习成效颇有参考价值。

3. 其他

在国内英文分级图书市场上，除了原版英文阅读材料的供应，绝大部分是以引进国外版权和合作出版图书为主。

牛津大学出版社与外研社于 20 世纪末合作出版的"牛津书虫图书馆读物系列"——"书虫系列"，是国内市场上最早的分级经典读物；北京弘书阁教育公司引进"牛津阅读树"系列，将全套分册删减成 309 个妙趣横生的故事，针对小学生群体推出一套《典范英语（1—6）》丛书，灵活易读；长江少年儿童出版社引入培生朗文的《培生幼儿英语》《培生儿童英语分级阅读》和《培生词汇妙趣屋》；中译出版社的《培生少儿阶梯英语》等，多本图书形成多个故事系列，为儿童阅读启蒙与进阶提供科学指导；外研社与英国柯林斯出版集团合作编制的"大猫英语分级阅读"系列成为教育部重点课题"中国中小学生英语分级阅读体系标准研制"实验用书。国内出版社与国外出版社积极合作，推出了不少精品。

另外，与英语培训机构课程教学配套的教材与引进版权的英语读物互为补充，占据了一定的市场份额。此类型的分级图书又以"海尼曼系列"和"兰登系列"使用范围最广。

"海尼曼系列"的内容涉及自然科学、人文、地理。每本书从 12 页到 30 多页不等，适合孩子轻松阅读。生词难度等都经过精心安排，学习循序渐进，难易穿插，可以在轻松愉快地阅读的同时学习到新的知识。"海尼曼系列"共有三个级别：GK、G1、G2，一共 308 册。"兰登系列"的内容丰富，有图画书、数学、经典童话故事、励志故事和科普类等。用词地道，词汇丰富。全套书分为五级：第一级为学龄前英文读物，第二级为 6—7 岁儿童英文读物，第三级为 7—9 岁少儿英文读物，第四级为 8—10 岁少儿英语读物，第五级为 9—12 岁少儿英语读物。

（三）在线分级平台

1. Big Reading Club Online

Big Reading Club Online 是以英国牛津大学出版社官方数字学习平台

Oxford Learner's Bookshelf 中使用的核心引擎——Spindle Books 技术为基础开发而成的智能阅读平台，支持 3—18 岁的中国孩子在线阅读牛津大学出版社的 320 多册优质英语分级读物。阅读一本书的过程在看图猜词游戏、聆听原声朗读、轻松拼读、跟读、单词游戏中完成，在游戏互动中刺激阅读兴趣。

2. 新东方《剑桥彩虹少儿英语分级阅读》在线课程

由新东方在线开发的《剑桥彩虹少儿英语分级阅读》系列课程，基于剑桥大学出版社和伦敦大学学院共同开发的绘本系列录制。该绘本系列共包含 10 个等级，90 册分级读物，适合幼儿园至初中学生使用。新东方教研团队从本土 4—12 岁孩子的认知规律出发，将原本 10 个等级重新划分成 4 个级别，聘请明星外教进行声情并茂的课堂演绎，生动风趣，适用于从学龄前阶段至小学阶段各年级的少年儿童。

3. ABCtime 美国小学图书馆

ABCtime 美国小学图书馆是好未来集团旗下的一款适合 3—12 岁孩子使用的少儿英语分级阅读 App。该应用引进 Reading A—Z 原版分级阅读教材，包括美国学前教育至五年级阅读的 Reading A—Z 系列分级阅读教材，涵盖常识、天文、地理、历史、人文、动植物、童话等方面。ABCtime 美国小学图书馆适合国内从英语启蒙到中学阶段学龄儿童，并且贴合中国孩子特点独家研发了适合国内孩子使用的"跟读打分""单词游戏""磨耳朵"，根据孩子的不同心智水平和文化水平提供科学、合适的英文素材。

二、中文分级阅读资源

（一）分级读物

1. "世界经典文学分级阅读文库"

"世界经典文学分级阅读文库"是由二十一世纪出版社于 2013 年推出的儿童分级阅读读物。该丛书共 48 册，选择适合儿童阅读的世界

"世界经典文学分级阅读文库"

经典文学名著，约请国内优秀的儿童文学作家，按小学低、中、高三个年级段分文体、主题、风格，改写出版，分"春之声"和"秋之韵"两辑，每辑24本。每部经典作品除文本外还设置"关于作者""关于本书""精彩导读""阅读延伸"四部分阅读指导内容，满足孩子从一年级到六年级不断拓展、深化的课外阅读需求。

2. "海绵儿童分级阅读书丛"

"海绵儿童分级阅读书丛"

2016年化学工业出版社出版的"海绵儿童分级阅读书丛"，按照文学史的脉络，将读物按字、词、句、文体、主题等各方面综合因素的难度进行分级，根据不同年龄段孩子的心智发育水平和能力特点将选文进行级别划分，从初级阅读的1A到高级阅读的6B，共12册。全套书采用主题阅读的形式进行编排，每册15个主题，即15个单元。选文均出自古今中外的知名作家，涵盖童话、诗歌、散文、小说等文体，面向小学1—6年级孩子。每个主题前设置导读，文后设置阅读能力测试题，借鉴国际阅读素养测评体系的框架对儿童的阅读能力进行评价，在读物分级和测评目的中均透露出分级思想。

（二）分级书目

1.《中国儿童分级阅读参考书目》（2010年版）

接力出版社的《中国儿童分级阅读参考书目》（2010年版）是接力分级阅读体系的重要组成内容。参考书目将0—12岁儿童细分成0—3岁、4—6岁、7—8岁、9—10岁和11—12岁五个年龄段，从儿童身体与动作发展，认知与智力发展，语言发展，情绪、人格与社会发展四个因素展开分析，综合考虑不同年龄阶段儿童的身心发展的特征和规律，图书的篇幅长短、难易程度等因素，参考国内外的儿童文学奖项，例如国家图书奖、中华优秀出版物奖、中国作家协会全国优秀儿童文学奖、国际安徒生奖、纽伯瑞儿童文学奖等，在国内外分级阅读专家学者的意见和建议等的基础上，挑选出 250 种参考书目。随着年龄段的增长，简单易读的图画书从内容简短丰富、主题多变的文本过渡为儿歌、童话、诗歌等充满节奏性的诵读读物，并增添科普、散文等类型，图书的内容更加完整，阅读更加深入。

2.《中国幼儿基础阅读书目（100 种）》与《中国小学生基础阅读书目（100种）》

2010 年在北京成立的隶属于新教育研究院的新阅读研究所，是一个公益性的研究机构。2010 年 9 月，新阅读研究所组织专家进行"中国幼儿基础阅读书目"项目的研究，邀请不同学科领域的专家、教师、阅读推广人和出版机构与学校合作研制书目，最终于 2011 年 4 月 23 日"世界读书日"前夕向社会公布了书目。新阅读研究所创办人朱永新教授多年来一直倡导和推动阅读，曾连续多年提出设立"国家阅读节"的提案，并在其所发起的"新教育实验"倡导"营造书香校园"，推广师生共读，在国内有较大影响。

该书目以"真善美"为中心，重视人与自我、人与家庭、人与社会、人与国家、人与自然、人与世界、人与历史、人与未来这八个价值领域，重视阅读的文学、科学与人文三大文本类型，重视培养人的品质与美德、道德与作风、准则与秩序、科学知识与科学精神。[①]同时，以儿童、故事、绘本和共读为中心，作为研制书目的标准和准则，推荐的年龄段为 0—7 岁，具体细分为 0—3 岁、3—4岁、4—5 岁、5—7 岁四个年龄段进行推荐，基础阅读书目为 40 本，推荐书目为60 本，在基础的推荐上略有拔高，是一份公认的经典书目。

除此之外，新阅读研究所还针对小学阶段儿童设计研制了《中国小学生基础阅读书目（100 种）》。该书目包含 30 种基础阅读书目和 70 种推荐阅读书目，按小学低（1—2 年级）、中（3—4 年级）、高（5—6 年级）学段，分别精选出文学、科学、人文类各若干本，其中既有《蝴蝶·豌豆花》《小猪唏哩呼噜》《长袜子皮皮》《千家诗》等一批文学名著上榜，也有《中国神话故事》《千字文·三字经·弟

---

① 朱永新 . 书香，也醉人 [M] . 深圳：海天出版社，2013：39.

子规》《孔子的故事》《昆虫记》《神奇校车》等一批人文和科普图书被选入。

3."亲近母语"儿童分级阅读书目

《中国儿童分级阅读书目》（0—12 岁）是亲近母语研究院综合 2015 年至今发布的《中国小学生分级阅读书目》精选而成。书目推荐的年龄段细分为 0—2 岁、2—3 岁、3—4 岁、4—5 岁、5—6 岁、6—7 岁、7—8 岁、8—9 岁、9—10 岁、10—11 岁、11—12 岁。0—6 岁的书目分为韵文韵语类、文学故事类、认知百科类；6—12 岁的书目分为文学类、人文百科类。《中国儿童分级阅读书目》遵循儿童性、经典性、教育性的研发理念，尊重儿童身心发展的需求、儿童语言学习、情感需求、心智发展的规律，顺应不同年龄段、不同个性儿童的阅读兴趣，由图画书为主向整本书过渡，主题丰富、风格多样、兼顾古今中外，以经典书目的赏读，来培养学生的欣赏水平和阅读能力，体现阅读的梯度。

（三）分级服务平台

天鹅阅读网是由接力出版社创办的数字化中国青少年多媒体阅读推广平台，以"分级阅读"理念为核心，提供"亲子阅读（0—6 岁）""儿童阅读（6—12 岁）""青少年阅读（13—18 岁）"服务。支持读者按照图书分类筛选分级读物，获知每本图书的简介、目录版权信息，对书目进行评分、评论，展开互动交流。网站还开设"领读者专栏"，邀请百余名中外著名作家、专家、阅读推广人传授专业的阅读指导。

接力出版社作为最早参与到分级阅读运动的民间力量，拥有针对 0—12 岁儿童的完整分级体系，天鹅阅读网的三大分级服务模块不仅在数字化方向上便利分级阅读，而且拓展了原有分级体系的服务对象，将 0—12 岁年龄段的分级延伸到 0—18 岁，大胆拓宽分级跨度，更加关注读者的阅读反馈和交流，开辟了分级服务的新方式。

起源于西方儿童阅读模式的分级阅读理念，尽管已有百余年的发展历史，但该理念在我国尚属于新兴概念。从分级资源的梳理也不难看出，我国读者可以利用的资源总体较少，且存在向英文资源倾斜的现象。一方面反映了我国分级阅读处于起步阶段，还在不断引进西方发展成熟的资源，拓展分级市场；另一方面也反映出本土分级资源建设的不足，创新不够。分级阅读是儿童阅读推广的重要模式，期待有更多分级资源的探索，助力分级阅读发展。

第六章

公共图书馆的分级阅读
实践与举措

美国公共图书馆的分级阅读服务

我国公共图书馆分级阅读服务理念与举措建议

第一节　美国公共图书馆的分级阅读服务

　　美国图书馆协会认为，分级体系有可能向用户提供中立标签，也可能是偏见标签。中立标签使用户更容易定位资源，便于访问，而且用户可以自行决定是否咨询或忽略定向帮助。偏见标签则根据权威来确定对也人适当或不适当的内容，违反了图书馆的中立精神。

　　分级阅读有其两面性，公共图书馆应如何看待分级阅读，又应如何利用分级阅读提升读者阅读水平，更好地推广阅读？总的来说，美国公共图书馆通过介绍分级阅读、提供分级阅读的入口，向读者提供阅读建议；通过分级阅读书单荐读，让读者能够根据自身情况了解分级阅读并切入阅读；通过检索系统揭示书籍分级信息，将读者需求与分级阅读挂钩；通过结合阅读活动推广分级阅读，使得分级阅读能够切实地产生效用。

一、分级阅读系统介绍

　　图书馆通过链接方式提供分级阅读信息，为读者较为系统地了解分级阅读提供便捷入口。格威内特公共图书馆、乔利埃特公共图书馆都设置了介绍分级阅读信息的版块。奥斯汀公共图书馆在图书馆常见问答中，设置了如何根据分级阅读找到儿童书籍、如何找到一本书的分级问题。

　　另外，同前所述，公共图书馆通常也会采取非正式的分级方法，即五指法。儿童读书籍中的一页，并为每个未知单词放上一个手指，如果五个手指都放上去了，就证明这本书对于儿童独立阅读来说可能太难了。通过这种方法，能较为直接地帮助儿童选择书籍。

二、分级阅读书单荐读

通过指导性分级阅读体系书单、年级书单、不同阶段书单以及兴趣书单、相似阅读书单等，将分级阅读书单提供给读者，为读者选书提供参考。

伯根菲尔德公共图书馆列出了指导性分级阅读体系书单、暑期阅读书单。彭布洛克公共图书馆列举儿童阅读角（Reader's Corner for kids）等四个方面，从儿童阅读、阅读书单、类型阅读、暑期阅读等角度较为全面地揭示如何按照自己的兴趣和水平选择书籍。盖尔·博登公共图书馆不仅列出了指导性分级阅读体系书单，同时列出"高兴趣—低难度"的书籍，针对阅读水平在平均线以下的儿童，这些材料也针对有视力问题或者是阅读障碍群体以及"不情愿"的青少年读者，该馆也有针对阅读起步儿童的书目，并以颜色区分不同级别。

也有一些图书馆经由馆员的不断探索，列出适合不同阶段儿童阅读的书单，罗彻斯特公共图书馆即由馆员按照年龄、年级列出书单。

三、检索系统揭示书籍分级信息

通过图书馆检索系统揭示书籍分级信息，将读者需求与分级阅读挂钩。奥斯汀公共图书馆在检索系统中揭示书籍的蓝思指数；利县图书馆系统主要使用AR；堪萨斯联合目录的检索系统中会揭示 Book Level、Interest Level、AR Points 等较为详细的分级信息。

四、结合阅读活动推广分级阅读

美国公共图书馆广泛开展暑期阅读活动，夏季学习损失会消除学年期间的阅读收获，但夏季学习计划会让孩子们得到成长。美国公共图书馆以分级阅读为纲推荐书目，以阅读活动带动分级推广。暑期阅读活动的目标之一就是提升孩子的阅读级别。唐克汉诺克公共图书馆、克里斯琴县图书馆的暑期活动即是暑期阅读活动的典型方法，按照年龄分组，提出不同的阅读任务，孩子们填写阅读日志，完成之后凭借阅读日志领取不同的奖励。纽约公共图书馆、索格斯公共图书馆、艾伯特利公共图书馆、伯根菲尔德公共图书馆的夏日阅读活动都有按照年级的分级阅读书单推荐。

美国公共图书馆开展活动也会针对相应的年龄与水平进行一定的划分。纽约公共图书馆的书友活动、书控活动对孩子们的年级和年龄做了提示，确保更为有效地开展常规图书讨论活动。在包括课后丰富的阅读活动中，孩子们的阅读能力也得到了提升。

从上述举措，我们可以得到以下启示：第一，美国公共图书馆在利用分级进行阅读服务时，遵循中立原则，将分级阅读作为辅助阅读的方式之一；第二，美国公共图书馆分级阅读服务广泛开展，可说是嵌入式服务。通过中立性、嵌入式的服务，通过提供多种多样的丰富阅读资源与活动，通过将客观文本与主观兴趣相结合，为阅读提供充分的帮助与建议，带动阅读的趣味培养与能力提升。

第二节 我国公共图书馆分级阅读服务理念与举措建议

虽然我国缺乏分级阅读的精确标准，但公共图书馆仍不懈地推进分级阅读推广，主要通过设置分龄阅览室的方式在空间上进行分级阅读；按照年龄、主题、类型等推出阅读书目；通过活动推动分级阅读推广，如北京西城区图书馆"青青草文学社"、杭州少儿图书馆"小可妈妈伴小时"、深圳少儿图书馆"喜阅365——亲子共读阅读计划"、厦门市少儿图书馆"故事妈妈培训班"、金陵图书馆"小水滴"英文读书会、重庆图书馆"太阳花读书会"、温州图书馆"我会编故事"等活动，结合美国公共图书馆分级阅读服务的经验，以中立性、嵌入式为引领，有针对性地服务特定群体。

我国公共图书馆利用和推广分级阅读还存在一些误区，应注意理解分级阅读目标、提供分级阅读研究阵地、创新文献组织与展示、公共服务与学校教育相结合，与读者一起做书籍的发现者。

一、理解分级阅读目标

阅读者，特别是初学阅读者或者需要辅助的阅读者对于字词句较难掌握，阅读的流畅程度低，阅读过程支离破碎，如果他们在阅读时总是获得失败和困难的体验，很容易失去学习的兴趣和主动性。符合读者阅读水平的文本则能够提高读者的阅读动机，增加自信心和自我价值感。分级阅读有效地、系统地整理资源，对文本进行分级，选出适合读者阅读的读物。在分级体系下，阅读者从比较容易的读物开始，在阅读过程逐渐形成阅读自主行为，并在难度相似的文本中应用，发展出有效的阅读控制行为，最终独立自信地阅读有相当难度和深度的内容。

二、提供分级阅读研究阵地

公共图书馆可通过实证方法为分级阅读研究提供阵地和数据，比如，从公共图书馆的阅读数据中可以了解到同龄人喜欢阅读什么，将阅读兴趣相互勾连，形成阅读链；开展在线活动，推荐阅读材料，提供在线阅读测试，收集更多的样本。公共图书馆作为公益机构，读者群体广泛，独立选择阅读书籍，这些都可以为分级阅读的研究提供阵地支持和数据支撑。解荣《公共图书馆童书分级阅读方法研究》通过对童书中影响儿童阅读的主要客观因素进行整理，在分析不同年龄、不同性别少年儿童如何选择童书的基础上，以儿童认知发展心理学为理论基础，考察了性别、字数、篇幅、图片比例、阅读习惯等因素对儿童阅读科普类童书的影响。[①]

三、创新文献组织与展示

公共图书馆以图书分类法组织文献，在科学分级思想指导下，可以以读者疑问、需求较多的类目进行创新试验，设置二级分级类目，导引读者阅读，同时，编制分龄、分层、主题、兴趣、入门、喜欢阅读某书的读者也会喜欢的书籍等各类型书单，充分地帮助读者了解馆藏，得到关于选择书籍的启发。在此基础上，读者可以按照自己的阅读能力及阅读速度，参考相应的分级阅读书单，从易到难，步步为营，逐渐选择稍有难度的书籍来挑战。图书馆进行书籍展陈的创新，一本书被看到的概率越大，被借出的可能性也就越高，创新书籍展出，对于帮助读者选择书籍有较为明显的效用。

---

① 解荣.公共图书馆童书分级阅读方法研究[J].图书馆理论与实践，2015（12）：61-64.

四、公共服务与学校教育相结合

我国公共图书馆的阅读推广活动已经成为核心服务项目，主要在于提升阅读兴趣、挖掘阅读动机、引领阅读方法与提升阅读能力，并取得了较好的效果。阅读既是学习，也是享受。公共图书馆与学校教育相结合，需要鼓励读者在阅读兴趣的基础上，再去查找和确认书籍在分级体系中所处的位置。公共图书馆应有指向分级阅读体系的入口，将分级阅读体系介绍给读者，并且引导读者如何使用分级系统去匹配自己的阅读，使阅读有梯度、有阶段性。文本分级可以在阅读的关键衔接点提供帮助，使读者更易有阅读收获，也更容易获得阅读乐趣。但需要注意的是，分级阅读之外，在高阅读动机情形下，人们会非常愿意阅读超出或低于自己阅读水平的读物，通过我们的阅读实践，调动和整合不同的阅读策略，激发阅读潜能，自由地、自然地进行大量阅读，高阅读动机的阅读对于阅读水平的提升与阅读情意的培养能够起到促发作用。公共图书馆应引领读者去获得选择书籍的经验，而读者通过不断地努力探索书籍，倾听精心安排的阅读指导，成为真正的独立阅读者。正如阅读是终身技能一样，知道如何选择一本书也是如此。这也是公共图书馆阅读服务的宗旨所在。

第七章

数字阅读时代的分级阅读

儿童：数字阅读的"原住民"

分级读物的数字出版

数字时代的分级阅读指导

一、数字阅读初探

数字阅读是指人类利用数字技术，以数字代码方式，将文字、图形、声音、影像等内容编辑加工后，存储在电、光、磁介质上，通过计算机或具有类似功能的设备读取信息的活动。[①]以数字化技术为支撑所产生的网络、电子、手机等阅读形式，统称为"数字阅读"。

随着多媒体技术的发展和信息数量呈爆炸式的增长，人们的生活节奏不断加速，文化信息传播方式日渐多元，碎片化、实用化、休闲化的数字阅读愈发受到读者的青睐。据阅读调查显示，利用移动设备进行浏览、阅读等传统意义上的"浅阅读"模式，在阅读模式中的占比逐年提高，成为一种不可阻挡的潮流。越来越多的读者在快节奏的生活中利用零星时间阅读，进行电子读物的"速读"和"缩读"。随着大众版权意识的提高及知识付费等风潮的流行，读者对付费数字阅读的接受程度也在逐渐增强，更多的读者愿意为电子读物付费，经常购买电子读物，并经常使用电子书借阅服务。从读者年龄段来看，90 后、00 后比其他年龄段付费购买电子读物的占比更大，其比重分别达到付费购买电子读物总人数的82% 和85%。

数字阅读的出现，使阅读的内涵更加丰富，阅读不再是单一的书籍、期刊、报纸等传统纸质文本的阅读，新增了视、听、读方面的内容。与传统纸质出版物相比，数字出版物的存储载体小、存储容量大、成本较低、便于保存、易于检索

---

① 白玉 . 少儿图书馆在数字阅读中的任务及对策 [J] . 图书馆学刊，2012，34（07）：112–113.

使用，读者可以轻松地使用移动设备获取更为丰富的读物资源，使得数字阅读更加个性化、便捷化。同时，数字化信息具有开放共享、动态交互等特性，图像、文字、声音、视频的全方位结合，可以充分调动读者的感官，从视觉、听觉、触觉等多方面尽可能地满足读者的阅读需求，带来多层次的阅读体验。

二、儿童与数字阅读

1994 年，中国正式接入互联网。随后，各类电子产品逐步普及，走入千家万户的日常生活。从文曲星（电子词典）、台式电脑、手提电脑，到手机、平板电脑、电子书……新时代的少年儿童从出生后就与电子设备零距离接触，在日常生活中无师自通各种新鲜设备。可以说，当代少年儿童是移动互联网的"原住民"，更是数字阅读的"原住民"。

从尚在襁褓之时，家长就通过各类电子设备为孩子播放儿童读物，进行早期教育。蹒跚学步、牙牙学语时，各式各样讲故事、听音乐的早教玩具成为童年的好伙伴。进入幼儿园后，儿童在家长的耳濡目染下，已经熟练掌握了智能手机、平板电脑等电子设备的操作方法，甚至可以自行使用电子产品进行阅读和娱乐。无论是在公共交通设施上，还是在公园、商场、家庭中，越来越多的儿童捧着手机、平板电脑大展身手，操作电子设备的熟练程度连部分家长都自叹不如。

随着技术的成熟，儿童数字阅读的方式和内容越来越丰富，将数字设备与纸质阅读结合的阅读方式在教育市场已经比较普及。中国新闻出版研究院组织实施的第十五次全国国民阅读调查结果显示：2017 年，0—17 周岁未成年人运用电子设备的听书率为 22.7%，与成年国民听书率基本持平。具体来看，14—17 周岁青少年的听书率最高，达 28.4%；9—13 周岁少年儿童和 0—8 周岁儿童的听书率相差不大，分别为 20.9% 和 20.7%。读者进行数字阅读的听书介质也是多种多样的，其中，选择移动有声 App 平台听书的国民比例较高，为 10.4%；有 7.4% 的人选择通过广播听书；有 5.3% 的人选择通过微信语音推送听书。除了看书、听书等方式外，儿童阅读 App 等形式生动、内容鲜活，吸引儿童的其他阅读方式也不断涌现。

对于儿童读者来说，数字阅读弥补了传统纸质儿童图书静态图像与文字的单一，将动画、声音、游戏等元素结合起来，增强了知识的互动性和立体感，这更加符合儿童的阅读习惯和偏好，儿童的阅读兴趣大大提高。[①]

当数字阅读在儿童中逐渐普及，开展思想性、知识性、科学性和趣味性相统一的数字阅读推广活动，引导少年儿童学习正确的数字阅读方法，形成正确的数字阅读习惯，就成为未来儿童阅读研究的重大课题。

三、数字阅读是一把双刃剑

在当前时代背景下，数字阅读对于少年儿童来说是不可避免的，但很多家长仍对此心怀疑虑。目前，少儿数字阅读在出版读物的版权、技术等方面存在问题，出版单位比较关注读物的赢利模式，使得数字读物的内容质量得不到充分保障。家长更加关注的是数字阅读对儿童身心健康带来的影响：数字阅读是否会伤害儿童的眼睛？缺乏自制力的儿童通过电子设备和网络开展阅读活动，会不会遇到其他不可控的问题？

首先，数字化阅读环境比传统阅读环境更为复杂，海量信息良莠不齐、庞杂无序，在少年儿童获取有效的知识信息时，也容易受不良信息的影响，不仅浪费时间，而且易导致他们步入迷途和误区。其次，数字化阅读存在浅表化、休闲化等特点，在阅读时可能缺乏对读物内容进行思索和感悟的过程，有悖于专心致志、循序渐进的读书方式，易导致浮躁、肤浅和急功近利现象的产生。儿童读者在数字阅读时，对文化的理解可能会停留在娱乐与消遣的层面，难以培育他们深层次的文化底蕴，易导致综合文化素质的下降。此外，与传统阅读方式所具有的知识思辨性特征相比，数字化阅读存在非经典化、欠缺文化积淀等问题，经典阅读的缺失容易导致思维的惰性、思想的荒芜，甚至学业的退步，对个人成长乃至社会

---

① 李明远. 儿童：数字阅读"原住民"［N］. 中国新闻出版报，2014-04-17.

发展都极为不利。①

　　数字阅读是一把双刃剑，在为读者创造宽广的阅读空间、丰富的阅读内容及快捷阅读方式的同时，也会为读者群体特别是少年儿童读者带来一些负面影响。正视数字阅读的双面性，发挥其在儿童阅读中的积极作用，才是数字阅读推广的正确方向。

---

① 张文君.以需求为导向的少儿数字阅读推广模式探悉［J］.图书情报论坛，2016（06）：
　　9–13.

第二节　分级读物的数字出版

当下，分级阅读愈发受到教育界和家长的重视，儿童读者与家长群体对分级读物的需求逐渐扩大。少儿出版产业的原动力是儿童读者与家长读者的现实需求，数字阅读时代旺盛的读者需求亦为分级读物的数字出版带来了勃勃生机，为少儿出版产业提供了广阔的生长空间和美好未来。

一、数字化分级读物的优势

随着移动式智能电子设备的日益普及，数字出版儿童读物逐渐抢占市场，受到越来越多家长和儿童读者的青睐。在儿童读物种类繁多、儿童成长阶段性特征显著的现状下，儿童分级阅读的重要性不言而喻，数字化分级读物的优势日益凸显。

儿童所处的成长阶段决定了他们在运动能力、感觉能力和认知能力等方面呈现出差异化的特点。儿童的运动能力是一种动态发展的过程，表现为从本能行为过渡到较为复杂的粗大动作，再到各种粗大与精细动作的综合发展。在感觉能力和认知能力方面，儿童对形态的偏爱呈现出一些相似的特征：在动态与静态，中更偏爱动态的；在有闪亮的光与无变化的光中，更偏爱有闪亮的光；在复杂花样与单纯花样中，偏爱复杂的花样；在彩色与单色中，更偏爱彩色；在立体与平面中，更偏爱立体；在新奇的事物和司空见惯的事物中，更偏爱新奇的……儿童的思维发展从0—12岁，经历了一个由直觉行动思维到具体形象思维，再到抽象逻辑思维的过程。[1]儿童不同的思维方式决定了其对数字出版物有着不同的理解能

---

[1] 张岩，纪元．儿童读物数字出版的路径研究——基于儿童分级阅读理念 [J]．成都大学学报（社会科学版），2016（03）：82-86．

力和接受能力。针对儿童的不同成长阶段，数字化的分级出版物融合了图像、声音、光线的变化，形成了动态的、彩色的、多感官的读物形态，能充分调动儿童的视觉、听觉、触觉等多个方面，更容易激发儿童的阅读兴趣。

数字化分级读物还是对儿童纸质读物阅读形态的有益补充。儿童读物之所以能够以数字化形态发展，是基于儿童自身的心理和生理成长状态、数字化儿童读物区别于纸质读物的媒介特点，以及数字出版的技术支撑等三个方面。有声读物是纸质读物在听觉上的延伸形式，它能够有效地增加纸质读物的生动形象性。可视化图书从视觉的角度丰富了阅读的形式，使阅读实现由静态到动态的延展，其所具备的画面性让儿童更直观地明确了阅读内容的指向。集声音、视频与交互式操作为一体的数字读物不仅调动了儿童的视觉和听觉，还将现实场景微缩再现到用户终端，使儿童以数字界面为媒介参与对自然界的认知性理解。数字化分级读物的发展，为不同年龄段儿童营造了更加丰富的阅读体验。

二、数字分级读物纵览

数字读物中的声、影、光、电给儿童读者带来了前所未有的视听刺激，也使广大儿童读者展露出依赖电子读物的倾向。在数字资源日渐庞杂的环境下，需要加强对未成年读者的阅读指导，帮助他们正确使用数字读物，体味数字阅读的乐趣。健康有益的数字分级读物，正是在了解不同年龄阶段少年儿童的成长规律和阅读需求基础上，为其匹配相应的数字资源，结合传统的阅读方式，引导读者多思考、多提问，激发求知欲与阅读欲。

目前儿童的数字分级读物有以下几种主要形式：

（一）与玩具相结合

与玩具相结合的数字分级读物，将存储与发音装置置于玩具内或者嵌在玩具表面，通过遥控器或者玩具上的按钮来实现为儿童播放故事、音乐等功能，适合婴幼儿时期的儿童读者。常见的形式有塑料材质或毛绒材质的讲故事玩偶，以小兔子、小熊、小象等卡通动物形象陪伴在婴幼儿身边，可运用内置的电子设备存储适合该阶段儿童的儿歌、故事、国学启蒙等内容，通过遥控或按键的方式为儿童播放相应读物内容。OUBIAO 智能机器人玩具、泰迪熊早教玩具、火火兔婴幼儿玩具、波比熊早教机等都是此类数字分级读物的代表。

（二）与点读笔结合

与点读笔相结合的数字分级读物，将读物内容存储于相应电子设备中。儿童读者通过点击电子设备中有声图书上的文字、图片等，使设备发出相应的声音。读者使用点读笔既可以在数字图书上点不同的位置发不同的声音，也可以点同一个地方发不同的声音。点读笔笔尖内置的高速摄像头可以快速高清辨认印在纸上的声音数据，并传递给处理器进行解码，由音频系统输出声音，实现文字内容的有声化传播，从而实现"让书本开口说话"的传播效果。

1. 互动地图

"互动地图"的活动，孩子们可以根据年龄选择合适的一本书，了解作者或者书中人物曾经进行过的旅行，在计算机上下载合适的地图，在其上标注旅行的路线，并制作演示文件以说明在不同的地点所发生的事，最后将地图和演示文件上传至学校的网页与其他学生共享。

2. 小霸王早教机

小霸王早教机拥有精品儿歌、早教故事、益智动画、经典电影等海量在线播放资源和丰富的早教内容；通过人工智能实现与儿童的百科知识问答；通过智能语音识别功能，实现中英文翻译；根据不同年龄段进行划分，实现社会、健康、科学、艺术、语言等多学科的在线学习。在儿童学习过程中，通过趣味点读功能，"哪里不会点哪里"，操作简单便捷。

小霸王早教机的读物资源按照儿童的年龄段分为三个部分：针对 0—3 岁的儿童，早教机以开发智力、养成好习惯为目的，培养儿童的早期语言能力，这一阶段的主要阅读模块有快乐儿歌、睡前故事、英语学习、颜色认知、日用品学习；针对 3—6 岁的儿童，早教机以掌握学前知识，轻松入学为目的，此阶段的主要学习模块有写字练字、益智游戏、传统国学启蒙；针对6—14岁的儿童，早教机与学校课堂学习同步，辅助儿童的专业学习，涵盖了语文、数学、英语等多门课程的课外辅导。

3. 读书郎早教机

读书郎早教机根据儿童的年龄特质，主要将读物资源分为两个阶段：第一个阶段，针对0—4岁的儿童，早教机配备了经典小童话书、认知英语小课本、宝宝全书、宝贝听书、品德习惯、迪士尼双语启蒙卡片；第二个阶段，针对4—7岁的儿童，配备幼儿多元素阅读与识字、数学周计划、宝贝听书、更深入的品德习惯、迪士尼双语启蒙卡片。通过早教机，儿童还可以在家长的帮助下下载其他中英文童谣、经典国学绘本故事、英语分级教材精选经典绘本、中英文故事英语分级读物等数字资源。

4. 步步高早教机

步步高早教机根据儿童的年龄特点，将数字读物资源分为三个部分：针对2—3岁的儿童，早教机旨在帮助儿童做好进入幼儿园的准备，从安全自理、社会交往、生活认知三个方面展开阅读活动，帮助儿童提前做好入园准备；针对3—6岁的儿童，早教机旨在帮助儿童做好进入小学前的准备，通过语文、数学、外语方面的相关读物，让儿童掌握语数外的基础知识，培养良好的学习习惯，提前适应小学生活，轻松入学；针对6—12岁的少年儿童，早教机与小学阶段的课堂教材同步，旨在辅导该阶段读者的语文、数学、英语学习。

（三）与移动设备相结合

与移动设备相结合的数字分级读物，常以阅读软件的形式出现在手机、平板电脑等移动设备中。儿童读者可以利用软件中提供的数字读物资源，进行电子书阅读、视频观看、游戏互动等。

1. 美乐分级阅读馆

该软件拥有美国6家出版社的1000多本英文原版书，与美国青少年分级阅读读物同步。读物遵照国际领先的A—Z分级阅读法，使3—14岁不同年龄段的儿童都能找到喜爱的、适龄的图书。读物主题涵盖自然科学、人文历史、童话故事等，配有专业的英语音频，还有老师在线指导，帮助儿童在阅读的同时练就纯正地道的英语口语。

2. 英语绘本分级阅读——儿童有声绘本图书

该软件旨在为 1—9 岁儿童提供沉浸式英语阅读学习环境，包含了 1000 多本图书，每周不断更新读物，既有经典名著，也有世界各地的民间故事和有趣的原创故事。每本书都配有音频，可以给予儿童生动的绘画和标准的美式英语发音。书库中的书进行了多元的分级分类，用户可以根据年龄、阅读水平、读物字数等进行精细化定位，选择最适合的读物。

3. 雪地阅读——智读世界好内容

雪地阅读是好未来教育集团的一款以中英文"双语阅读"为特色，使用科技驱动型教学资源和服务，培养孩子的学科能力，发展核心素养，加强教师教学与学生自助学习的软件。雪地阅读提供国内外权威、优质的读物资源，以人工智能革新传统教学模式，通过个性化顶级测评激发儿童的学习潜能，用大数据学情分析记录儿童的学习轨迹。

这款软件拥有 2000 余本美国原版优质 RAZ 分级读本，内容涵盖了传统文化系列、科普系列、童话系列、人物故事系列、名家经典系列等几大系列，为儿童提供在线畅享语文阅读的体验；精选了阅读书单，包括教育专家、明星教师的推荐书单，学生精选书单等；配备了音频、视频资源，在线趣味答题挑战等，让儿童可以边看边思考，使语文阅读其乐无穷。

4. 咿啦看书——优质儿童故事绘本大全

咿啦看书是全球首家动画书阅读平台、动画书的缔造者，为用户提供具备动画、游戏、配音、交互、亲子等阅读体验的新一代电子书。咿啦看书为作者和出版机构提供免费、快捷的多媒体交互式电子书制作工具及强大的数字发行平台。儿童在阅读时，每次点击屏幕上的图像，都会有相应的反应和声音，每本书都配有丰富的动画和多媒体互动效果。

平台精选了适合 3—8 岁儿童成长的读物，汇聚各类儿童故事、中英文绘本、经典童谣、启蒙故事、诗歌故事、成语故事等。用户可以根据年龄选择相应读物，全面提升儿童的认知与语言表达能力。

5. 儿童书包——中国小学生基础阅读书目

由知名教育家朱永新教授领衔，邀请全国各个领域的专家研制的"中国小学生基础阅读书目"共 100 种。儿童书包精选了其中的部分好书，按照小学低年级、中年级、高年级三个阶段和文学、科学、人文三部分分类，给予儿童数字分级阅读的精神营养。

（四）在线阅读平台

在线阅读平台以互联网为载体，将丰富的数字资源分门别类地展现给不同年龄段的读者群体，供读者下载使用或在线使用。这种平台既有专门建设的在线阅读网站平台，也有与知名网站合作的阅读频道。

1. 中少快乐阅读平台

中少快乐阅读平台是以中国少年儿童新闻出版总社（以下简称中少总社）数字资源库为核心的在线图片、报纸、期刊、视频、游戏服务社区平台，是中少总社为 0—18 岁少年儿童读者打造的数字阅读体验平台，汇集了中少总社成立以来的经典报纸、期刊、图书资源。该数据库资源内容丰富，平台分类清晰，将阅读指导与个性化阅读服务相结合，并提供一系列的阅读增值服务。

数据库平台分为乐悠悠婴儿馆、红袋鼠幼儿馆、小学低年级馆、小学高年级馆、初中馆以及高中馆，针对不同学习阶段的儿童提供相应的资源。该数据库将阅读资源和学习资源结合起来，不仅可以丰富孩子的课外阅读，也有配合教学的数学、语文和作文资源，可以作为孩子的基础阅读和辅助学习材料。该数据库面向机构用户开放，用户可通过购买该数据库的公共图书馆或少儿馆进行访问。

2. 国家少儿数字图书馆

国家少儿数字图书馆由国家图书馆少年儿童馆开发。该平台借助国家图书馆建设的成果，为未成年人提供了一个网上绿色阅读平台。国家少儿数字图书馆采用活泼新颖、寓教于乐的表现形式，分为学前图书馆、学前学习馆、小学图书馆、小学学习馆四个模块，综合考虑不同年龄段孩子的发展特点。其中，小学学习馆配合小学教学，按照语文、数学、英语各科目划分资源类型，同时分为新人教版、苏教版和北师大版，囊括各年级资源，方便孩子根据自己的需求选择教材；小学图书馆则主要是课外拓展资源，提供大量在线有声读物，为孩子提供文学、艺术等丰富的阅读资源，还提供英语、日语、法语和德语等外文儿童读物。该平台面向所有用户开放，只需按照网站提示注册个人信息即可。

3. 小书房

小书房原是儿童文学作家漪然于 2004 年制作的一个儿童文学主页，后在阅读推广人艾斯苔尔、儿童文学作家流火和一大批志愿者的帮助下不断丰富而建成了一个公益性的儿童阅读推广网站。小书房有自己的公益团队，一直在线上、线下为儿童阅读推广奉献着力量。线下阅读推广站遍布全国 21 个城市，志愿者近千人。网站有以下版块：去读、去玩、去秀、我家、去说。每个栏目都包含 10 个阅读类型，分别为图画书、儿童小说、短篇童话、长篇童话、科普、童谣、双语、诗歌、散文、儿童文学研究，并按年龄段分为 0—2 岁、3—4 岁、5—6 岁、7—8 岁、9—10 岁、11—12 岁、13—14 岁、15—18 岁以及父母阅读。

小书房是为儿童文学读者搭建的一个公益性平台，通过网络读书社区和线下读书会相辅相成的形式，为儿童文学读者提供自己评论、自主交流、自发组织阅读活动的机会，共同分享阅读的快乐。网站风格清新可人，蜡笔涂鸦的简笔画充满了童趣。它既为孩子们推荐最优秀的儿童文学作品，也为儿童文学作者提供了发挥才华的宽广空间。

4. 红泥巴村

红泥巴村读书俱乐部共设六个板块，分别是专题书展、按年龄分、按内容分、《泥巴书虫》、我要买书、示范书目。专题书展模块包括 50 个专题，并在每本书的介绍下面附适龄范围；按年龄分模块包括 0—3 岁、3—6 岁、6—9 岁、9—12 岁、12—15 岁、15 岁以上、0—99 岁、9—99 岁，后更有家长、老师的推荐书目；按内容分模块包含启蒙读物、文学、教育、自然百科、卡通人物等 14 类；《泥巴书虫》是《泥巴书虫》会刊电子版；我要买书模块登录后可直接在线选购书籍；示范书目推荐小学班级书目和家庭书目，并收录了如何教孩子阅读的讨论文章，可供家长和教师参考。该网站不提供在线阅读，其多类型细致的书籍导航，可作为购书指导。

5. 虫虫阅读网

虫虫阅读网由团中央中国少年儿童新闻出版社发起，作为少儿阅读导航，主要有图书、书评、阅读推广、在线阅读、图书漂流五个栏目。图书栏目分为新书榜、关注榜、分类浏览、百种好书推荐。百种好书单列出了 2004 至 2015 年间，100 种在新闻出版广电总局每年开展的向全国青少年推荐优秀图书活动中脱颖而出的获奖作品。书评栏目分为热门书评、最新书评和好友的书评。阅读推广栏目三个部分，根据主题结合时事进行阅读推广，如父亲节、快乐过暑假等。其中，爱上阅读栏目由阅读推广人 ccread 向读者推送有关阅读的内容；阅读杂议栏目发布关于阅读的一些讯息。在线阅读栏目按主题分科普、散文、亲子、益智、绘本、儿童教育等 12 类，并有教辅类和课外阅读类期刊，可选择 PDF 版或纯文字版阅读，大部分书籍附适用学业阶段。图书漂流栏目分为漂流中的图书、主题漂流活动、漂流排行榜等。全站可按主题、出版社、年龄、作者来查找书刊，分级阅读栏目分为感知阶段（0 岁），床边故事阶段（1—2 岁），图画书阶段（3—4 岁），听故事阶段（5—6 岁），幻想童话阶段（小学一、二年级），历史故事阶段（小学三、四年级），知识与伦理阶段（小学五、六年级），自我探索阶段（初中生），人生初体验阶段（高中生及以上），并附适合家长阅读的书籍。

6. 国际儿童数字图书馆

国际儿童数字图书馆（International Children's Digital Library，简称 ICDL）是一个非营利性的公益基金会组织，帮助世界儿童学习不同的文化、语言，为贫困地区和教育不发达的地区提供优秀的教育资源，让每个孩子都能了解和阅读世界各地的儿童文学。网站栏目 "Read Books" 是主要的数字阅读来源，网站支持按不同标准查找图书：按儿童的年龄可分为 3—5 岁、6—9 岁、10—13 岁三个阶段，按图书封面分为红、橙、黄、绿、蓝五种颜色，按内容的真实和虚构又分为图画书和文学图书，还有短篇书籍、中篇书籍、长篇书籍、最新图书、获奖童书、神话故事和民间故事等分类。网站所提供的阅读资源是图书扫描件，有些旧书的阅读效果较差。该网站支持将英文翻译为中文，因此不存在语言障碍，读者可以通过网站阅读国外儿童文学作品。

三、分级读物的数字出版

国际童书出版市场上数字化浪潮翻涌：亚马逊收购马歇尔·卡文迪什儿童图书公司数百本童书，自此拥有童书出版品牌；阿歇特集团旗下知名儿童图书品牌跨入数字出版领域。与此形成对比的，则是近几年在国内专业出版和大众出版板块快速融入数字转型的同时，少儿出版机构在数字出版探索上所表现出的漫不经心。然而，正如少年儿童出版社社长、总编辑李远涛所说，数字出版对于少儿图书市场的冲击不是"最小"，而是"很大"。为此，在同行们满足于纸质图书带来的收益时，不少专业少儿出版机构已经从互动阅读开始，踏上了整合数字出版、跨媒体经营的转型之路。

当下，快速发展的数字出版市场尚未形成成熟的体系，特别是读者认知水平和阅读需求分化的儿童读物出版市场，对于读物分级化、多元化的形态要求更加强烈。这就需要从儿童接受能力出发，以儿童读者的需求为立足点，基于分级阅读的理念，来研讨儿童读物数字出版的研发路径，从而实现数字出版在儿童市场细分领域的长足发展。

结合现有分级阅读的研究和儿童认知与审美方面的发展规律，有学者提出将儿童读物数字出版大致分为三个阶段进行探讨，分别是：0—3 岁的婴儿时期、4—6 岁的幼儿时期，以及 7—12 岁的学龄儿童时期。[①]

第一个阶段，婴儿时期（0—3 岁）。婴儿期的数字读物，在儿童拍击有声书上的文字和图片时，就会发出相对应的声音。如果是故事文本，儿童拍击正文则

---

① 张岩，纪元.儿童读物数字出版的路径研究——基于儿童分级阅读理念［J］.成都大学学报（社会科学版），2016（03）：82–86.

会开始阅读。但是由于识字率低，需要将纸质书的内容在语言表达上进行改编。首先，需要设计的便是由书面语到口语的转化，这就需要专业的播音员来录制，而根据新生儿听觉的相关研究，新生儿爱听人的声音，最爱听母亲的声音，因此选择女播音员更为合适；其次，是对语言表达由复杂到简单的转化，这要求录音者对语言有一定把控能力，能将成人化的或者对婴儿而言晦涩难懂的词语转化成流畅的简单句，并可以重复地叙述，强化婴儿对此声音的印象。从审美角度看，婴儿对对比强烈和色调偏暖的色彩反应较为强烈，喜爱贴近其生活经验的事物以及更夸张、有趣的造型。另外，婴儿已经具有选择性注意的能力，对线条分明、边缘清晰的图形比过于复杂的图形注视时间更长，对人的面孔比对几何图形的注视时间更长。这就对有声读物的载体形象提出了较高的要求，其选材可出自婴儿熟悉的卡通片人物或是贴近日常生活的事物，例如喜爱的动物、食品等，构图要清晰明了，运用婴儿辨识度较高的红、黄、蓝、绿四种颜色。

第二阶段，幼儿时期（4—6岁）。这一阶段儿童的思维处在具体形象思维阶段，易于接受具体的图形并关注事物个体，被某物体的局部细节所吸引。幼儿往往会对从没听到的词特别感兴趣，适当的解释能让幼儿自然地接受新鲜的词汇。这一阶段的儿童手眼协调和肌肉协调方面都有了比较明显的进步，他们喜欢参与到游戏情境之中。针对这一点，幼儿读物的数字出版可以充分利用App的互动参与性。将点读笔与有声读物共同使用，边点边读的方式提高了幼儿对字的专注力，将声、字、图充分结合，对于幼小衔接阶段的儿童是十分必要的。应该注意的是，每篇有声读物的时间应控制在10分钟左右，因为幼儿的注意力稳定性在10分钟左右。在审美特点上，4—6岁的儿童喜爱鲜艳、丰富的色彩，逐渐形成区别不同色调的能力。儿童读物的物理特性是引起幼儿注意的主要原因，如：新颖的形象、特殊的声音、突然或显著变化的内容等。因此，要注重读物内容的新颖性与趣味性的结合，夸张的、拟人化的造型也是必不可少的。

第三个阶段，学龄儿童时期（7—12岁）。这一时期还可分为低年级阶段和高年级阶段。低年级的儿童接受能力有限，对有直观印象的事物理解较好。进入高年级后，他们能够独立思考，逐渐拥有了分析、判断等基本的抽象思维能力，探险类或冒险类的游戏 App 以其情节上的未知性、不断探索和深入游戏过程中的趣味性，更能满足他们的好奇心和求知欲。同时，他们的身体发育十分迅速，身体长高、体重增加、大脑形态更加接近成人，对动作的掌控能力越发细致和成熟。从低年级到高年级，儿童的情感掌控力不断增加，对是非对错有一定的评判能力；但自我约束力仍然较低，因而数字读物也需要设置防沉迷功能：一方面，长时间看屏幕对眼球发育和视力有不良影响，因此需要设置每隔一小时休息 5—10 分钟的屏幕锁定防沉迷，这段时间里界面上没有画面只有声音；另一方面，防沉迷设置能控制使用电子设备的时间，如持续使用一定的时间就自动退出，或由家长设定当日累积使用到一定时长就不可再使用，让儿童适度使用电子设备。

从以上的分析可以看到，学龄儿童分级读物的数字出版更应该关注不同年龄段儿童的思维能力差异和审美差异。数字出版时应考虑到产品广泛的适用性，数字读物既可以直接标明适用年龄，也可以在儿童需要进入数字读物时进行测试，根据知识和能力水平进入不同难度级别的不同情境。同时，数字出版的分级读物还应根据儿童的年龄段，对读物的形象塑造进行把控，在作品风格、色彩搭配中都需要加以区分。

从受众的角度看，数字读物通过调动视觉、听觉、触觉，有助于开发儿童的眼、耳、手、脑等方面；从出版商的角度看，根据儿童分级阅读理念产生的不同类型的数字出版物，有利于寻找并迅速占领细分市场，成为盈利的新增长点；从我国出版业发展状况来看，儿童读物数字出版是少儿出版产业转型的重要一环，更是紧随出版数字化大势的必然选择。在实现优质内容与尖端技术相结合、多样内容与创新形式相统一的过程中，作为内容提供者的出版社和作为软件开发者的技术商以及呈现产品最终效果的终端服务商的合作尤为重要。目前，南方分级阅读研究中心和接力儿童分级阅读研究中心是国内分级阅读的两大领头羊，亦是分级读物数字出版的主力军。

面对数字化阅读环境下的新要求、新挑战，在强劲的数字阅读浪潮中，如何发挥少儿图书馆阅读指导职能，采取怎样的引领对策，已成为当前少儿图书馆服务实践必须研究和解决的新课题。

公共图书馆凭借其数字资源的多样化和服务的专业化，成为少儿数字阅读推广的重要阵地。国家少儿数字图书馆的在线书屋、校外课堂、动漫阅读、视频讲座等数字资源面向全国少年儿童免费开放，天津市少儿图书馆、上海少儿图书馆打造的"全景式数字阅览室"，为小读者带来线下互动的全新阅读体验。江苏省少儿数字图书馆在全国率先探索形成了"少儿阅读线上线下互动、少儿活动全省推广联动、少儿工作实时交流沟通、少儿家长积极参与活动、少儿资源商全程支持项目"的新型多维服务模式。随着公共图书馆少儿数字资源的日益丰富，阅读平台的不断扩大，少儿数字图书馆正成为"互联网＋"时代公共图书馆少儿服务的重要抓手。了解少年儿童的数字阅读需求，掌握他们的数字阅读偏好，创新少儿分级数字阅读服务模式，对于提高图书馆的社会服务能力、扩大图书馆的社会影响有非常重要的意义。

一、数字分级阅读政策支持

（一）数字阅读立法

阅读立法以法律的形式规范和保障各类阅读活动，作为"促进型立法"，有助于阅读活动的开展，因而很多国家通过立法来贯彻对青少年阅读的要求。如美国于 2002 年生效的《不让一个孩子落后法案》（*No Child Left Behind Act*）对于青少年的阅读能力规定了具体可以操作的标准，通过相应的测试以考察是否达到这些标准。由于该法案中并未明确涉及数字阅读的内容，2015 年 12 月，美国参议院又提出了一个修正案，在此修正案中强调青少年数字阅读能力的发展。在新媒体时代，提高青少年的阅读能力，阅读习惯的培养是至关重要的一步。以阅读立法的形式，促进数字分级读物的推广，提高读者对数字分级读物的认识和使用率，对分级读物的数字化发展大有助益。

（二）"终身阅读者"组织

国外阅读推广活动越来越多地使用和借助各种电子设备或通过互联网来进行，如利用计算机进行演示、播放影音、介绍图书内容等。"终身阅读者"组织是欧洲一家专门从事青少年阅读推广的组织，该组织的活动得到欧盟经费的资助，主要任务是设计阅读推广活动，并为学校及图书馆提供阅读推广活动的建议和辅导。该组织策划和设计了多种阅读推广活动，这些活动充分利用了计算机和互联网，在其策划设计的 100 项阅读推广活动中，有 43 项使用了信息技术。

未来世界的阅读一定是数字化的，数字阅读会成为一种重要的能力。发达国家图书馆并不回避这个问题，尽力扩充自己的电子资源，主动将数字阅读作为自己服务的内容[①]。"终身阅读者"组织从小培养青少年数字图书馆的概念，通过"为年轻孩子准备的电子图书"活动使孩子熟悉电子书籍，使用计算机查找和使用数字读物资源。

二、图书馆数字分级阅读推广活动

（一）深圳少年儿童图书馆

深圳少年儿童图书馆在多媒体数字资源建设方面投入了大量人力、财力，精心准备了图书、期刊、动漫、书画、视频等 300 多万册（篇），内容涵盖各个学科的数字资源。比较有特色的分级阅读数字资源如表 7–1 所示：

---

① 赖雪梅，姜火明. 瞧，那些知名的海外图书馆［M］. 北京：海洋出版社，2014：23.

表 7–1　深圳少年儿童图书馆分级阅读数字资源

数字资源	针对人群	分级形式	资源特点
上业宝宝智库	0—12岁	1."亲子育儿馆"：适合0—3岁婴幼儿及老师、家长 2."幼儿启蒙馆"：针对3—6岁幼儿及学龄前儿童，包括少儿国学、童谣儿歌、认知早教、科普知识等多方面内容 3."小学知识馆"：针对6—12岁学龄儿童，包括一至六年级的各科教学学习方法	数字资源的内容包括：启蒙教育、才艺欣赏、国学启蒙、文学博览、益智教育、科普百科、产前教育、育儿指南、健康教育、家庭教育、生活文化等 资源类型有多种多媒体格式
贝贝国学教育	3—12岁	采用"动画＋娱乐＋互动"的形式进行教学，易学易记，让儿童学习国学名作。致力于提升3—12岁少年儿童认字、发音等基本语言能力，培养韵律感，了解传统文化精粹，陶冶情操	数据库精选国学名作，通过可爱的卡通形象"贝贝"和"贝乐"，带领小朋友们快乐、轻松、自主学习国学知识
才智天地	2—6岁	1.哈利学前班：针对2—6岁儿童的全套语言、算术、逻辑等幼小衔接视频动画课程1000多集 2.哈利唱儿歌：经典童谣、拼音儿歌、算术儿歌、英语字母歌、汉字启蒙童谣等200多集益智儿歌，让宝宝在唱唱跳跳中巩固每日所学 3.哈利讲故事：汇集中外优秀绘本，以哈利给宝宝讲故事的活泼形式，配合生动的动画，向孩子展现寓意非凡的故事内容	以动画形式，让儿童阅读优秀的绘本作品，锻炼儿童的语言能力和逻辑思维能力
中少快乐阅读平台	0—18岁	为婴幼儿、小学生、中学生等不同年龄段的少年儿童读者提供适龄的电子版经典报纸、画报等读物	集合全国两年内的优秀期刊电子版，含《婴儿画报》《中国儿童画报》《中学生》《中国少年英语报》等中国少年儿童新闻出版总社出版的16种近两年的期刊和报纸
达尔文星球全息数字资源	0—18岁	不同年龄段的儿童读者可以围绕恐龙类、海洋生物类、远古生物类和植物类等类别选取适龄读物	利用AR、3D技术制作电子书，是AR、3D技术面向图书馆读者的开发延伸，让读者在现实和虚拟的交互体验中学习知识，收获快乐

（二）杭州少年儿童图书馆

杭州少年儿童图书馆创建于 1982 年，1999 年新馆落成于西湖名胜"黄龙吐翠"西侧，以"普遍、均等、公益性"为原则，为 0—16 岁的少年儿童及家长、教育工作者等提供知识导航、信息咨询、文化活动、社会实践等多元服务。杭州少年儿童图书馆拥有在线数字图书 10 万多册，为了培养孩子的阅读兴趣，图书馆推出数字资源学生版和教师版两个平台，其中，学生版有 9 种数字资源类型。现将杭州少年儿童图书馆代表性的分级阅读数字资源统计如表 7-2。

表 7-2　杭州少年儿童图书馆分级阅读数字资源

数字资源	针对人群	分级形式	读物特色
贝贝国学启蒙教育数据库	0—6岁	通过手机客户端、平板电脑客户端等移动设备下载相应软件，不同年龄段的儿童可以进行国学启蒙阅读	加强对幼儿的中国传统文化启蒙教育，进行国学知识的普及和教学
乐于学少儿多媒体	0—16岁、成人	针对0—16岁儿童、老师、家长人群，按照年龄段进行划分，进行健康、科学、社会、语言和艺术五大领域的阅读学习	读物针对儿童、教师和家长三大群体，开展综合性学习教育
中少快乐阅读平台	0—18岁	为婴幼儿、小学生、中学生等不同年龄段的少年儿童读者，提供适龄的电子版经典报纸、画报等读物	集合全国两年内的优秀期刊电子版，含《婴儿画报》《中国儿童画报》《中学生》《中国少年英语报》等中国少年儿童新闻出版总社出版的16种近两年的期刊和报纸
中华连环画数字阅览室	0—18岁	为不同年龄段的儿童读者提供适龄的连环画数字读物	中华连环画数字阅览室少儿版，主要包括青少年古文学习、世界名人、中国史记、青少年数理化等八大主题近千本连环画

（三）厦门市少年儿童图书馆

厦门市少年儿童图书馆创办于 1986 年，是福建省首家独立建制的市级公共儿童图书馆。厦门市少年儿童图书馆始终坚持"走向社会，主动服务，把图书馆办到少年儿童中去"的社会化办馆思想，以便利、健康、公益为宗旨，依托现代科技为读者提供全覆盖、全方位、多层次的立体化公益性服务。现已在全市建立 32 家联网分馆、11 家分馆流通站、37 家集体用户，极大地方便了读者就近借阅。厦门市少年儿童图书馆拥有电子文献 76 万多册、视频资料 1 万多条、电子报纸 200 多种、电子期刊 2390 种、图片数据库 67616 张，并配有乐儿科普动漫、爱迪科森多媒体数据库、天方有声数字图书馆、点击动漫书库、少儿知识视频库等特色电子资源供读者浏览。厦门市少年儿童图书馆的数字资源平台在分级阅读理念的指导下，开展了丰富多彩的儿童数字阅读服务。现将厦门市少年儿童图书馆的分级阅读数字资源具体情况统计如表 7–3。

表 7–3　厦门市少年儿童图书馆分级阅读数字资源

数字资源	针对人群	分级形式	读物特色	读物举例
少儿多媒体图书馆	0—3 岁	以儿童的年龄为划分依据，利用单集或系列的视频阅读绘本开展亲子课、语言能力训练、认知训练	对婴幼儿的听觉、触觉进行早期教育	《32个月亲子课》《25—27个月认知能力训练》等
	3—6 岁	为不同年龄段儿童提供适合的各类绘本	准确把握不同年龄段的特点，进行生动有趣的阅读教育	《动物的为什么》《大山爷爷》视频等
	6—15 岁	通过视频阅读绘本，开展适合中小学生的语言、写作、数学逻辑的能力训练	准确把握不同年龄段的特点，锻炼孩子们的思维	《使用小括号》《认识角，画角》等

（续表）

数字资源	针对人群	分级形式	读物特色	读物举例
中少快乐阅读平台	乐悠悠婴儿馆	提供适合0—3岁儿童的《婴儿画报》电子版	提供专业的亲子阅读教材	《听问题讲故事》《乐悠悠小百科》等
	小学低年级馆	提供适合学龄前儿童阅读的《幼儿画报》电子版	提供专业的儿童阅读教材	《红袋鼠和火车宝宝的故事》《睡前温馨童话》等
	小学高年级馆	提供适合小学生阅读的各类电子读物	文学作品与英语作品兼备	《放飞梦想与青春飞扬》等
	初中馆	提供适合初中生阅读的《中学生》等报刊电子版	读物内容贴近中学生校园生活，可读性强	《动物秘密》《创新之眼》等
	高中馆	提供适合高中生阅读的各类电子图书	通过专家推荐，读物内容涉及天文、地理、文学、历史等各个方面，丰富中学生课外知识	《心灵秘语》《百变讲堂》等

三、数字分级阅读培训

在传统的阅读推广活动中，我们提倡"大手拉小手"；对于数字时代的分级阅读推广，更应该"大手握大手、大手牵小手"。数字分级阅读资源的特殊载体与使用方法对儿童读者来说是一大考验，儿童在使用数字分级阅读材料时需要出版者、图书馆员、教师、家长等的共同帮助与监督。因此，加强对出版机构、图书馆员、教师及家长的阅读推广培训，能够让他们更直接地影响儿童读者，推广数字分级阅读。

分级阅读文化产业链的核心就是科学的、系统的、具体的分级阅读体系和优秀的分级阅读作品。近年来，国内少儿出版社纷纷依托分级阅读研究机构，聘请了一批专职或兼职的国内外资深阅读研究专家、教育研究专家、心理健康专家、知名作家、学者等组成研究中心专家团队，为分级阅读产品提供强大的理论支持和实践指导。作为出版人，应该自觉地把分级阅读理念贯穿于整个出版过程，不仅在策划选题时要根据儿童的阅读特点准确定位，而且在销售过程中，要把分级阅读理念传播给家长和儿童，使他们能选择到合适的图书，即出版的上游和下游都要以分级阅读为出发点。

广大图书馆员和教师作为儿童阅读习惯的培养者、儿童读物的推荐者、儿童的领读者，应该运用分级阅读的理论和方法，把培养儿童良好的数字阅读习惯和独立的数字阅读能力作为主要目标。例如，图书馆员和老师可把数字分级阅读引进课堂和日常的阅读活动中，训练儿童使用电子阅读设备，使儿童读者根据分级标准清楚自身的阅读水平，根据阅读水平选择合适的数字读物。同时，还应当积极引导儿童，合理开展数字阅读，保护视力、防止沉迷，从而有效地提高自主阅读能力。

在数字分级阅读方面，虽然家长在亲子阅读实践中积累了相当实用的经验，在为自己的孩子选择图书方面也相当有自信，但对分级阅读的情况知之甚少，为孩子选择图书的标准主要是孩子的兴趣爱好、孩子的大致年龄以及老师、图书馆的推荐意见，而很少把出版物的分级标准科学地作为选择依据。从这一点可以看出，家长对分级阅读指导的需求强烈。这些基本情况表明了少儿图书馆、出版机构对家长进行分级阅读方面的指导与培训的必要性，也将为少儿图书馆开展分级阅读指导打下良好的基础。因此，少儿读物服务工作中要多加宣传分级阅读理念和数字读物资源，告诉家长如何综合利用形式多样、内容适龄的数字分级读物，使儿童读者从阅读中获得乐趣，增长见识，为今后的阅读培养良好的习惯。多媒体综合分级阅读是一种全方位的分级阅读，家长可以在培训后，在家庭对儿童开展多媒体综合分级阅读。如对我国古典文学四大名著的阅读，婴幼儿可以阅读图画书，小学生可以阅读动漫图书和观看动画片，中学生可以阅读原著和观看电视连续剧、电影等。综合利用好各种媒体的优势、强势，以家庭为基础，把数字分级阅读开展得有声有色、丰富多彩。

数字分级阅读是一个系统工程，涉及政府部门、出版界、教育界以及每个儿童、每个家庭。因此，数字分级阅读的推广并不是几个推广机构或推广人的事，而是全社会的责任，需要多方共同努力，方能取得理想的成效。

附 录

中国幼儿基础阅读书目

中国小学生基础阅读书目

中国儿童分级阅读书目（0—12岁）

中国小学生分级阅读书目

儿童心智发展与分级阅读建议

中国儿童分级阅读参考书目

中国幼儿基础阅读书目（新阅读研究所研制）

年龄段	书名	作者/译者	出版社
基础书目（40种）			
0—3岁，10种	《中国童谣》	李光迪、金波/文	连环画出版社
	《点点点》	[法]埃尔维·杜莱/著；蒲蒲兰/译	二十一世纪出版社
	《可爱动物操》	方素珍/文	河北教育出版社
	《我爸爸》	[英]安东尼·布朗/著；余治莹/译	河北教育出版社
	《好饿的毛毛虫》	[美]艾瑞·卡尔/著；郑明进/译	明天出版社
	《鼠小弟的小背心》	[日]中江嘉男/文；赵静、文纪子/译	南海出版公司
	《小玻在哪里》	[英]艾力克·希尔/著；彭懿/译	接力出版社
	《米菲住院》	[荷兰]迪克·布鲁纳/著；阿甲/审译	人民邮电出版社
	《喂——哎——》	[日]和歌山静子/著；蒲蒲兰/译	连环画出版社
	《我要拉屁屁》	[日]佐佐木洋子/编绘；张慧荣/译	二十一世纪出版社
3—4岁，10种	《爱画画的诗》	林芳萍/文	明天出版社
	《一园青菜成了精》	编自北方童谣	明天出版社
	《你一半，我一半》	曹俊彦/著	五洲传播出版社
	《子儿，吐吐》	李瑾伦/著	明天出版社
	《拔萝卜》	[俄]阿·托尔斯泰/编写；[日]内田莉莎子/译写；朱自强/译	新星出版社
	《逃家小兔》	[美]玛格丽特·怀兹·布朗/文；黄迺毓/译	明天出版社
	《数数看》	[日]安野光雅/著	接力出版社
	《大卫，不可以》	[美]大卫·香农/著；余治莹/译	河北教育出版社
	《我就是喜欢我》	[荷兰]马克斯·维尔修思/著；亦青/译	湖南少年儿童出版社
	《和甘伯伯去游河》	[英]约翰·伯宁罕/著；林良/译	河北教育出版社

（续表）

年龄段	书名	作者／译者	出版社
4—5岁，10种	《乡下动物园》	萧袤/文	新世纪出版社
	《京剧猫·武松打虎》	熊亮/文	生活·读书·新知三联书店
	《吃黑夜的大象》	白冰/文	中国少年儿童出版社
	《妈妈，买绿豆！》	曾阳晴/文	明天出版社
	《神笔马良》	洪汛涛/著	湖南少年儿童出版社
	《雪人》	[英]雷蒙·布力格/著；王星/译	明天出版社
	《你看起来好像很好吃》	[日]宫西达也/著；杨文/译	二十一世纪出版社
	《巴巴爸爸的马戏团》	[法]安娜特·缇森、德鲁斯·泰勒/著；谢逢蓓/译	接力出版社
	《眼》	[波兰]伊娃娜·奇米勒斯卡/著；明书/译	接力出版社
	《电视迷》	[美]斯坦·博丹、简·博丹/著；张德启等/译	新疆青少年出版社
5—7岁，10种	《带不走的小蜗牛》	凌拂/文	海燕出版社
	《小巴掌童话》	张秋生/著	中国福利会出版社
	《大头儿子和小头爸爸》	郑春华/著	南海出版公司
	《羽毛》	曹文轩/文	中国少年儿童出版社
	《进城》	林秀穗/文	明天出版社
	《野兽国》	[美]莫里斯·桑达克/著；宋珮/译	贵州人民出版社
	《三只小猪的真实故事》	[美]乔恩·谢斯卡/文；方素珍/译	河北教育出版社
	《苏和的白马》	[日]大塚勇三/编文；[日]猿渡静子/译	新星出版社
	《田鼠阿佛》	[美]李欧·李奥尼/著；阿甲/译	南海出版公司
	《杰德爷爷的理发店》	[美]玛格丽·金·米契尔/文；柯倩华/译	河北教育出版社

（续表）

年龄段	书名	作者/译者	出版社
推荐书目（60种）			
0—3岁，15种	《谁咬了我的大饼》	徐志江/著	南京师范大学出版社
	《晚安，大猩猩》	[美]佩吉·拉特曼/著；爱心树/译	南海出版公司
	《鳄鱼怕怕，牙医怕怕》	[日]五味太郎/著；上谊编辑部/译	明天出版社
	《让我荡一会儿吧》	[日]清野幸子/著；[日]猿渡静子/译	南海出版公司
	《亲爱的动物园》	[英]罗德·坎贝尔/著；李剀/译	二十一世纪出版社
	《大象杂技团》	金波/文	中国少年儿童出版社
	《做鬼脸》	[日]阿万纪美子/文；蒲蒲兰/译	连环画出版社
	《早上好》	[丹麦]汉娜·哈斯特鲁普/著；任溶溶/译	二十一世纪出版社
	《第一次上街买东西》	[日]筒井赖子/著；彭懿/译	新星出版社
	《这是什么形状》	[日]秦好史郎/著；杨文/译	北京少年儿童出版社
	《抱抱》	[英]杰兹·阿波罗/著；上谊编辑部/译	明天出版社
	《藏猫猫》	[日]木村裕一/著；崔维燕/译	接力出版社
	《蹦！》	[日]松冈达英/著；蒲蒲兰/译	二十一世纪出版社
	《什么地方不一样——对比游戏》	[英]帕特里克·乔治/著	接力出版社
	《打预防针，我不怕》	[日]小林雅子/文；[日]猿渡静子/译	南海出版公司
3—4岁，15种	《是谁嗯嗯在我的头上》	[德]维尔纳·霍尔茨瓦特/文；方素珍/译	河北教育出版社
	《颜色国的秘密》	黄毅民、季颖、陈秋影/著	连环画出版社
	《下雨了！》	汤姆牛/著	北京联合出版公司
	《古利和古拉》	[日]中川李枝子/文；季颖/译	南海出版公司
	《谁的自行车》	[日]高畠纯/著；小鱼儿/译	中国电力出版社
	《我变成一只喷火龙了！》	赖马/著	河北少年儿童出版社

（续表）

年龄段	书名	作者/译者	出版社
3—4岁，15种	《小真的长头发》	[日]高楼方子/著；季颖/译	新星出版社
	《阿立会穿裤子了》	[日]神泽利子/文；米雅/译	明天出版社
	《我不要去幼儿园》	[法]丝特法妮·布莱克/著；武娟/译	二十一世纪出版社
	《动物绝对不应该穿衣服》	[美]茱蒂·巴瑞特/文；沙永玲/译	上海人民美术出版社
	《黄雨伞》	[韩]柳在守/著	接力出版社
	《蜗牛的家在哪里？》	[韩]金长成/文；余凌燕/译	新疆青少年出版社
	《你睡不着吗？》	[爱尔兰]韦德尔/文；潘人木/译	明天出版社
	《咕噜牛》	[英]朱莉娅·唐纳森/文；任溶溶/译	外语教学与研究出版社
	《家里的安全》	[英]克莱尔·卢埃林/文；于水/译	电子工业出版社
4—5岁，15种	《老鼠娶新娘》	张玲玲/文	二十一世纪出版社
	《小丑鱼》	冰波/文	教育科学出版社
	《九色鹿》	保冬妮/文	重庆出版社
	《小马过河》	彭文席/文	贵州人民出版社
	《安的种子》	王早早/文	海燕出版社
	《100层的房子》	[日]岩井俊雄/著；于海洋/译	北京科学技术出版社
	《阿文的小毯子》	[美]凯文·亨克斯/著；方素珍/译	河北教育出版社
	《14只老鼠赏月》	[日]岩村和朗/著；彭懿/译	接力出版社
	《11只猫跑马拉松》	[日]马场登/著	新星出版社
	《点》	[加]彼德·H.雷诺兹/编绘；邢培健/译	南海出版公司
	《图书馆狮子》	[美]米歇尔·努森/文；周逸芬/译	河北少年儿童出版社
	《这样的尾巴可以做什么？》	[美]史蒂夫·詹金斯/文；郭恩惠/译	河北教育出版社

（续表）

年龄段	书名	作者／译者	出版社
4—5岁， 15种	《我不知道我是谁》	[英]乔恩·布莱克/文；邢培健/译	新星出版社
	《和我一起玩》	[美]玛丽·荷·艾斯/著；余治莹/译	河北教育出版社
	《变焦》	[匈牙利]伊斯特万·巴尼亚伊/著	河北教育出版社
5—7岁， 15种	《团圆》	余丽琼/文	明天出版社
	《镜子里的小孩》	向阳/文	海豚出版社
	《春神跳舞的森林》	严淑女/文	河北教育出版社
	《中国山川故事》	严雪/改编	河北少年儿童出版社
	"小小牛顿幼儿馆"（第一辑）	台湾牛顿出版公司/编	贵州教育出版社
	《想当老师的猫》	王晓明/著	二十一世纪出版社
	《新学堂歌》	谷建芬/选编	北京联合出版公司、 河北教育出版社
	《极地特快》	[美]克里斯·范·奥尔斯伯格/著； 杨玲玲、彭懿/译	南海出版公司
	《我最熟悉的……》	[德]拉尔夫·布茨科/编绘；郭 静/译	北京科学技术出版社
	《我有感觉》	[美]阿丽奇/著；戴伟杰/译	河北教育出版社
	《人之初》	吉葡乐、素数花开/文	北京联合出版公司
	《小威向前冲》	[英]尼古拉斯·艾伦/著；李小强/译	贵州人民出版社
	《汉声数学图画书》	[美]明德尔·西托默、哈利·西托默等/文；汉声杂志/译	贵州人民出版社
	《咕叽咕叽》	陈致元/著	明天出版社
	《小纸船看海》	林良/著	福建少年儿童出版社

中国小学生基础阅读书目（新阅读研究所研制）

学段	类别	书名	作者/译者	出版社
		基础阅读书目（30种）		
小学低段（1—2年级，10种）	文学	《蝴蝶·豌豆花——中国经典童诗》	金波/诗歌主编；蔡皋/绘画主编	河北教育出版社
		《稻草人》	叶圣陶/著	中国文联出版社
		《没头脑和不高兴》	任溶溶/著	浙江少年儿童出版社
		《小猪唏哩呼噜》	孙幼军/著	春风文艺出版社
		《我有友情要出租》	方素珍/著	新疆青少年出版社
		《不一样的卡梅拉1：我想去看海》	[法]克利斯提昂·约里波瓦/文；郑迪蔚/译	二十一世纪出版社
	科学	《第一次发现丛书：濒临危机的动物》	法国伽利玛少儿出版社/编；王文静/译	接力出版社
		《神奇校车：在人体中游览》	[美]乔安娜·柯尔/文；蒲公英童书馆/译	贵州人民出版社
	人文	《三字经·千字文·弟子规》	郝光明、罗容海、王军丽/译注	文化艺术出版社
		《中国神话故事》	聂作平/编著	天津教育出版社
小学中段（3—4年级，10种）	文学	《千家诗》	李乃龙/译注	文化艺术出版社
		《三毛流浪记》	张乐平/著	少年儿童出版社
		《宝葫芦的秘密》	张天翼/著	新蕾出版社
		《安徒生童话选》	[丹麦]安徒生/著；叶君健/译	人民文学出版社
		《长袜子皮皮》	[瑞典]林格伦/著；李之义/译	中国少年儿童出版社
		《亲爱的汉修先生》	[美]贝芙莉·克莱瑞/著；柯倩华/译	新蕾出版社

（续表）

学段	类别	书名	作者／译者	出版社
小学中段（3—4年级，10种）	科学	《奇妙的数王国》	李毓佩／著	中国少年儿童出版社
		《让孩子着迷的77×2个经典科学游戏》	[日]后藤道夫／著；施雯黛、王蕴洁／译	南海出版公司
	人文	《林汉达中国历史故事集》	林汉达／著	中国少年儿童出版社
		《书的故事》	[苏联]伊林／著；胡愈之／译	二十一世纪出版社
小学高段（5—6年级，10种）	文学	《西游记》	吴承恩／著	人民文学出版社
		《城南旧事》	林海音／著	中国青年出版社
		《草房子》	曹文轩／著	江苏少年儿童出版社
		《我的妈妈是精灵》	陈丹燕／著	中国福利会出版社
		《夏洛的网》	[美]E.B.怀特／著；任溶溶／译	上海译文出版社
	科学	《叶永烈讲述科学家故事100个》	叶永烈／著	湖北少年儿童出版社
		《昆虫记》	[法]亨利·法布尔／著；陈筱卿／译	人民文学出版社
		《地心游记》	[法]儒勒·凡尔纳／著；杨宪益、闻时清／译	二十一世纪出版社
	人文	《孔子的故事》	李长之／著	二十一世纪出版社
		《少年音乐和美术故事》	丰子恺／著	二十一世纪出版社
推荐阅读书目（70种）				
小学低段（1—2年级，15种）	文学	《百岁童谣》	山曼／编著	贵州人民出版社
		《寻找快活林》	杨红樱／著	湖北少年儿童出版社
		《十兄弟》	沙永玲／编著	五洲传播出版社
		《月光下的肚肚狼》	冰波／著	湖南少年儿童出版社
		《格林童话选》	[德]格林兄弟／著；溪云／译	天津教育出版社

（续表）

学段	类别	书名	作者/译者	出版社
小学低段（1—2年级，15种）	文学	《让路给小鸭子》	[美]罗伯特·麦克洛斯基/编绘；柯倩华/译	河北教育出版社
		《青蛙和蟾蜍》	[美]艾诺·洛贝尔/著；潘人木、党英台/译	明天出版社
		《木偶奇遇记》	[意]卡洛·科罗迪/著；徐调孚/译	天津教育出版社
		《了不起的狐狸爸爸》	[英]罗尔德·达尔/著；代维/译	明天出版社
		《我和小姐姐克拉拉》	[德]迪米特尔·茵可夫/著；陈俊/译	二十一世纪出版社
	科学	《一粒种子的旅行》	[德]安妮·默勒/著；王乾坤/译	南海出版公司
		《鼹鼠博士的地震探险》	[日]松冈达英/著；蒲蒲兰/译	二十一世纪出版社
		《动物王国大探秘》	[英]茉莉亚·布鲁斯/文；杨阳、王艳娟/译	广州出版社
	人文	《笠翁对韵》	李渔/著	浙江古籍出版社
		《人》	[美]彼得·史比尔/著；李威/译	贵州人民出版社
小学中段（3—4年级，25种）	文学	《武松打虎》	刘继卣/绘	天津杨柳青画社
		《孙悟空在我们村里》	郭风/著	湖北少年儿童出版社
		《让太阳长上翅膀》	金波/著	江苏少年儿童出版社
		《小英雄雨来》	管桦/著	湖北少年儿童出版社
		《戴小桥全传》	梅子涵/著	江苏少年儿童出版社
		《舒克贝塔航空公司》	郑渊洁/著	二十一世纪出版社
		《我是白痴》	王淑芬/著	二十一世纪出版社
		《雪花人》	[美]杰奎琳·布里格斯·马丁/文；柯倩华/译	河北教育出版社
		《父与子》	[德]卜劳恩/著	译林出版社

（续表）

学段	类别	书名	作者/译者	出版社
小学中段（3—4年级，25种）	文学	《丁丁历险记》	[比利时]埃尔热/编绘；王炳东/译	中国少年儿童出版社
		《爱丽丝漫游奇境记》	[英]刘易斯·卡洛尔/著；王永年/译	二十一世纪出版社
		《柳林风声》	[英]肯尼思·格雷厄姆/著；任溶溶/译	上海译文出版社
		《彼得·潘》	[英]詹姆斯·巴里/著；杨静远/译	天津教育出版社
		《时代广场的蟋蟀》	[美]乔治·赛尔登/著；傅湘雯/译	新蕾出版社
		《窗边的小豆豆》	[日]黑柳彻子/著；赵玉皎/译	南海出版公司
	科学	《生命的故事》	[美]维吉尼亚·李·伯顿/著；刘宇清/译	二十一世纪出版社
		《最美的科普·四季时钟系列》	[德]乌纳·雅各布等/著；顾白/译	江苏少年儿童出版社
		《可怕的科学·科学新知系列》	[英]迈克尔·考克斯等/著；阎庚等/译	北京少年儿童出版社
		《101个神奇的实验》	[德]安提亚·赛安、艾克·冯格/著；谢霜/译	湖北美术出版社
		《我的第一本科学漫画书》	[韩]洪在彻等/著；林虹均等/译	二十一世纪出版社
	人文	《成语故事》	李新武/编	人民文学出版社
		《最美最美的中国童话·传统节日篇》	汉声杂志社/著	江苏美术出版社
		《讲给孩子的中国地理》	刘兴诗/著	希望出版社
		《希腊神话故事》	聂作平/编著	天津教育出版社
		《儿童哲学智慧书》（第一辑）	[法]奥斯卡·柏尼菲等/文；李玮等/译	接力出版社

（续表）

学段	类别	书名	作者 / 译者	出版社
小学高段（5—6年级，30种）	文学	《绘本聊斋》	蒲松龄/原著；马兰、王育生等/改编	连环画出版社
		《寄小读者》	冰心/著	人民文学出版社
		《有老鼠牌铅笔吗》	张之路/著	浙江少年儿童出版社
		《四弟的绿庄园》	秦文君/著	北方妇女儿童出版社
		《我要做好孩子》	黄蓓佳/著	江苏少年儿童出版社
		《狼王梦》	沈石溪/著	浙江少年儿童出版社
		《狼獾河》	格日勒其木格·黑鹤/著	接力出版社
		《铁丝网上的小花》	[意]克里斯托夫·格莱兹、罗伯特·英诺森提/著；代维/译	明天出版社
		《鲁宾孙飘流记》	[英]笛福/著；徐霞村/译	人民文学出版社
		《汤姆·索亚历险记》	[美]马克·吐温/著；张友松/译	天津教育出版社
		《福尔摩斯探案全集》	[英]柯南道尔/著；俞步凡/译	译林出版社
		《小王子》	[法]圣艾修伯里/著；艾柯/译	天津教育出版社
		《永远讲不完的故事》	[德]米切尔·恩德/著；李士勋/译	二十一世纪出版社
		《哈利·波特与魔法石》	[英]罗琳/著；苏农/译	人民文学出版社
		《不老泉》	[美]娜塔莉·巴比特/著；吕明/译	二十一世纪出版社
		《牧羊少年奇幻之旅》	[巴西]保罗·柯艾略/著；丁文林/译	南海出版公司
	科学	《超新星纪元》	刘慈欣/著	重庆出版社
		《潘家铮院士科幻作品集》	潘家铮/著	中国少年儿童出版社
		《安德的游戏》	[美]奥森·斯科特·卡德/著；李毅/译	安徽少年儿童出版社

（续表）

学段	类别	书名	作者/译者	出版社
小学高段（5—6年级，30种）	科学	《森林报》	[苏联]维·比安基/著；王汶/译	二十一世纪出版社
		《万物简史（少儿彩绘版）》	[英]比尔·布莱森/著；严维明/译	接力出版社
		《科学家工作大揭秘》	[英]理查德·斯皮尔伯利、路易斯·斯皮尔伯利等/著；王庆等/译	湖北美术出版社
	人文	《中国读本》	苏叔阳/著	海豚出版社
		《老子说·庄子说》	蔡志忠/编绘	生活·读书·新知三联书店
		《世纪三国》	罗吉甫/撰文	二十一世纪出版社
		《中国孩子的梦》	谷应/著	湖北教育出版社
		《莎士比亚戏剧故事集》	[英]查尔斯·兰姆、玛丽·兰姆/改写；萧乾/译	人民文学出版社
		《希利尔讲艺术史》	[美]希利尔/著；李爽、朱玲/译	贵州教育出版社
		《诺贝尔奖获得者与儿童对话》	[德]贝蒂娜·施蒂克尔/编；张荣昌/译	生活·读书·新知三联书店
		《居里夫人的故事》	[英]埃列娜·杜尔利/著；二粟/译	江苏少年儿童出版社

中国儿童分级阅读书目（0—12岁）（亲近母语研究院研制）

年龄段	书名	作者/译者	出版社
	韵文韵语类		
	《宝贝手指谣》	舒立华/编著	新世纪出版社
	《婴儿画报精品儿歌书》	郑春华等/著	中国少年儿童出版社
	《好乖乖》	鲁兵/文	新蕾出版社
	《好神奇的小石头》	左伟/著	中国少年儿童出版社
	《宝宝动动操》	《婴儿画报》编辑部/编	中国少年儿童出版社
	文学故事类		
	《大大的，小小的》	钟彧/著	中国少年儿童出版社
	《醒了，醒了》	张晓玲/文	南京师范大学出版社
	《拔呀拔呀拔萝卜》	黄缨/绘	南京师范大学出版社
0—2岁	《我爸爸和我》	[英]蒂娜·麦克诺顿/著；方辑/译	南京师范大学出版社
	《哇！找到啦》	[韩]许恩美/文；范鲁新/译	南京师范大学出版社
	《玩玩具》	[韩]曹恩受/著；范鲁新/译	南京师范大学出版社
	《宝贝，快到我的怀里来》	[日]内田麟太郎/著；彭懿、周龙梅/译	广西师范大学出版社
	《好疼呀！好疼呀！》	[日]松冈达英/著；蒲蒲兰/译	连环画出版社
	《小熊，早上好！》	[日]矶美由纪/著；于泽威子/译	长江少年儿童出版社
	《"小花生"暖心·成长绘本》	[日]广川沙映子/著；晓晗/译	连环画出版社
	《0—2岁元气宝宝·好习惯系列》	[日]清水纪惠等/著；吴涵鳃/译	长江少年儿童出版社
	《小小一步》	[日]丰田一彦/著；林静/译	二十一世纪出版社

年龄段	书名	作者/译者	出版社
	《太阳公公笑哈哈》	[日]前川一夫/著；[日]猿渡静子/译	南海出版公司
	《亲爱的动物园》	[英]罗德·坎贝尔/著；李树/译	二十一世纪出版社
	认知百科类		
	《荡秋千》	麦克小奎/著	中国少年儿童出版社
	《小鸡球球触感玩具书》	[日]入山智/著；崔维燕/译	长江少年儿童出版社
	《小鸡球球启发宝宝纸板书》	[日]入山智/著；崔维燕/译	长江少年儿童出版社
	《婴儿视觉启智绘本》	[日]柏原晃夫/著；周龙梅/译	贵州人民出版社
	《喂——哎——》	[日]和歌山静子/著；蒲蒲兰/译	连环画出版社
	《洞洞动起来》	[日]五味太郎/著；黄锐/译	北京联合出版公司
0—2岁	《亲亲小宝贝系列1——宝宝的声音》	[日]宫西达也/文；周龙梅/译	贵州人民出版社
	《亲亲小宝贝系列2——啊！》	[日]中川宏贵/文；周龙梅/译	贵州人民出版社
	《亲亲小宝贝系列3——小鸡》	[日]中川宏贵/文；周龙梅/译	贵州人民出版社
	《亲亲小宝贝系列5——蛋蛋》	[日]中川宏贵/文；周龙梅/译	贵州人民出版社
	《亲亲小宝贝系列7——嘭嘭啪啪》	[日]长谷川义史/文；周龙梅/译	贵州人民出版社
	《亲亲小宝贝系列8——都回家了》	[日]饭森望穗/文；周龙梅/译	贵州人民出版社
	《亲亲小宝贝系列9——再见 再见了》	[日]佐藤和贵子/文；周龙梅/译	贵州人民出版社
	《安野光雅萌萌绘本系列》	[日]安野光雅/著	九州出版社
	《0—3岁亲密互动玩具书》	[日]木村裕一等/著；周龙梅/译	长江少年儿童出版社

（续表）

年龄段	书名	作者/译者	出版社
	《小好奇翻翻书》	[比利时]气球出版社/著；美乐童年/译	宁波出版社
	《蹦！》	[日]松冈达英/著；蒲蒲兰/译	二十一世纪出版社
	《触摸日常》《联想游戏》	[法]帕斯卡尔·艾斯泰隆/著；浪花朵朵童书/编译	北京联合出版公司
	《幼幼成长图画书纸板书》（第一辑）	[日]林明子等/著；小林、小熊等/译	少年儿童出版社
	《躲猫猫系列》	[日]亘理睦子/文；蒲蒲兰/译	连环画出版社
	《低幼认知猜猜书》	[日]米津祐介/著；贺儿/译	连环画出版社
	《小活字图话书·抱抱幸福》	[日]中协初枝等/文；唐亚明/译	中信出版集团
	《要跟着来噢》	[日]金尾惠子/著；信谊编辑部/译	明天出版社
0—2岁	《背背 背背》	[日]长新太/著；蒲蒲兰/译	二十一世纪出版社
	《红球球和黑球球》	[日]上野与志/文；荣信文化/编译	未来出版社
	《挖孔认知绘本》	[日]石川浩二/著；蒲蒲兰/译	二十一世纪出版社
	《奇迹小宝宝·初次见面绘本系列》	[日]武内祐人等/著；崔健/译	江西科学技术出版社
	《好喜欢吃蔬菜》	[日]柳原良平/著；黄超/译	少年儿童出版社
	《幼幼成长图画书·纸板书·小宝贝大世界》	[日]广野多珂子等/著；小熊、林静/译	少年儿童出版社
	《脸，脸，各种各样的脸》	[日]柳原良平/著；小林、小熊/译	少年儿童出版社
	《彩色温泉》	[日]增田裕子/文；彭懿、周龙梅/译	广西师范大学出版社
	《创意大师洞洞翻翻启蒙纸板书》	[日]米津祐介、[意]朱里安诺/著；张瑜珈等/译	中信出版集团

（续表）

年龄段	书名	作者 / 译者	出版社
0—2岁	《聪明宝贝互动手偶书·小熊泰迪》	[英]艾玛·戈德霍克/文；荣信文化/编译	未来出版社
	《快乐洗澡书系列》	[英]瑞秋·沃根/著；王子蘼/译	湖北美术出版社
	《动物认知翻翻书》	[英]罗德·坎贝尔/著；连莹、刘晓静/译	二十一世纪出版社
	《我的礼物》	[英]罗德·坎贝尔/著；徐文婧/译	二十一世纪出版社
	《大朋友，小朋友》	[美]凯西·布罗德里克/文；皮克童书/编译	江苏凤凰教育出版社
	《米菲认知洞洞书》	[荷兰]迪克·布鲁纳/著；杨定安/译	二十一世纪出版社
	《婴儿认知绘本——我们一起吃水果1》	[韩]韩国麦子出版社/著；明书/译	接力出版社
	《婴儿认知绘本——小动物们来坐车2》	[韩]韩国麦子出版社/著；明书/译	接力出版社
	《婴儿认知绘本——宝宝到底要什么3》	[韩]韩国麦子出版社/著；明书/译	接力出版社
	《婴儿认知绘本——什么好吃什么辣4》	[韩]韩国麦子出版社/著；明书/译	接力出版社
	《婴儿认知绘本——花儿怎么长大的5》	[韩]韩国麦子出版社/著；明书/译	接力出版社
	《"谁的……"翻翻书系列绘本》	[澳]珍妮特·罗/著；青豆童书馆文不丁/译	重庆出版社
	《杜莱百变创意玩具书》	[法]埃尔维·杜莱/著；Panda Panda童书译文馆、赵佼佼/译	接力出版社
韵文韵语类			
2—3岁	《婴儿画报精品儿歌书2》	金波等/著	中国少年儿童出版社
	《中国童谣》	李光迪、金波/文	连环画出版社

（续表）

年龄段	书名	作者／译者	出版社
	《毛毛虫童书馆·第二辑——动物园》	林颂英／文	新蕾出版社
	《虫虫虫虫飞》	金波／编	接力出版社
	《百岁童谣——小巴狗》	山曼／编著	贵州人民出版社
	文学故事类		
2—3岁	《啊呜！》	萧袤／文	浙江少年儿童出版社
	《毛毛虫童书馆·第一辑——九色鹿》	姚媛／文	新蕾出版社
	《毛毛虫童书馆·第一辑——香蕉娃娃》	姚媛／文	新蕾出版社
	《毛毛虫童书馆·第一辑——东郭先生》	姚媛／文	新蕾出版社
	《毛毛虫童书馆·第一辑——金瓜儿银豆儿》	赵燕翼／文	新蕾出版社
	《毛毛虫童书馆·第一辑——老虎外婆》	鲁兵／文	新蕾出版社
	《毛毛虫童书馆·第一辑——小蝌蚪找妈妈》	鲁兵／文	新蕾出版社
	《鲁拉鲁先生的自行车》	[日]伊东宽／著；蒲蒲兰／译	二十一世纪出版社
	《我爸爸超厉害》	[日]宫西达也／著；陈姗姗／译	河北教育出版社
	《好饿的小蛇》	[日]宫西达也／著；彭懿／译	二十一世纪出版社
	《妈妈，你看》	[日]圆七美／文；晓晗／译	二十一世纪出版社
	《像妈妈一样》《像爸爸一样》	[英]大卫·梅林／著；林昕／译	湖北美术出版社
	《晚安，月亮》	[美]玛格丽特·怀兹·布朗／文；阿甲／译	北京联合出版公司

（续表）

年龄段	书名	作者 / 译者	出版社
2—3岁	《永远都爱你》	[英]贝斯·苏珊/文；张瀛夷、周念丽/译	少年儿童出版社
	《我喜欢书》	[英]安东尼·布朗/著；余治莹/译	河北教育出版社
	《踢踏，踢踏，小螃蟹搬新家》	[英]蒂姆·霍普古德/著；陈科慧/译	二十一世纪出版社
	《我不想离开你》	[比利时]G.V.西纳顿/著；西安曲江培豪出版传媒有限公司/译	西安出版社
	《东方娃娃家庭文库·婴儿绘本馆1——月亮，你去哪儿了？》	[比利时]艾米莉·雅杜/著；邱然/译	南京师范大学出版社
	《东方娃娃家庭文库·婴儿绘本馆9——一步一步，走啊走》	[韩]许恩美/文；范鲁斯/译	南京师范大学出版社
	《米菲绘本系列》（第一、二辑）	[荷兰]迪克·布鲁纳/著；童趣出版有限公司/编译	人民邮电出版社
	《嗨哟嗨哟爬高高》	[比]马里奥·拉莫/著；刘昉/译	北京联合出版公司
认知百科类			
	《呀！》	杨思帆/著	广西师范大学出版社
	《米米系列——米米爱模仿》	周逸芬/文	河北少年儿童出版社
	《米米系列——米米玩收拾》	周逸芬/文	河北少年儿童出版社
	《米米系列——米米坐马桶》	周逸芬/文	河北少年儿童出版社
	"没想到婴儿创意图画书"	巩孺萍、萧袤/著	接力出版社
	《翻翻猜猜绘本系列》	崔维燕/改编	二十一世纪出版社

（续表）

年龄段	书名	作者/译者	出版社
2—3岁	《小酷和小玛的认知绘本》	[日]秦好史郎/著；杨文/译	北京少年儿童出版社
	《亲亲小宝贝系列4——小鸟》	[日]中川宏贵/文；周龙梅/译	贵州人民出版社
	《亲亲小宝贝系列6——积木》	[日]中川宏贵/文；周龙梅/译	贵州人民出版社
	《噼里啪啦》	[日]佐佐木洋子/编绘；张慧荣/译	二十一世纪出版社
	《小熊宝宝绘本》（全15册）	[日]佐佐木洋子/著；蒲蒲兰/译	连环画出版社
	《看，脱光光了！》	[日]五味太郎/著；[日]猿渡静子/译	新星出版社
	《咿呀呀系列》	[日]安井季子等/文；李赞英/译	二十一世纪出版社
	《奇趣认知游戏》	[日]tupera tupera/著；陈姗姗/译	北京联合出版公司
	《我的后面是谁呢》	[日]福田敏生、福田明子/著；[日]猿渡静子/译	南海出版公司
	《婴儿认知绘本——宝宝一起捉迷藏6》	[韩]韩国麦子出版社/著；明书/译	接力出版社
	《婴儿认知绘本——小小的圆点是什么7》	[韩]韩国麦子出版社/著；明书/译	接力出版社
	《婴儿认知绘本——七只青蛙藏在哪儿8》	[韩]韩国麦子出版社/著；明书/译	接力出版社
	《婴儿认知绘本——这是谁的家9》	[韩]韩国麦子出版社/著；明书/译	接力出版社
	《婴儿认知绘本——小鸡小鸡长大了10》	[韩]韩国麦子出版社/著；明书/译	接力出版社
	《婴儿认知绘本——便便真好11》	[韩]韩国麦子出版社/著；明书/译	接力出版社

（续表）

年龄段	书名	作者／译者	出版社
2—3岁	《婴儿认知绘本——昆虫昆虫你在哪儿12》	[韩]韩国麦子出版社/著；明书/译	接力出版社
	《婴儿认知绘本——鸟儿鸟儿吃什么13》	[韩]韩国麦子出版社/著；明书/译	接力出版社
	《婴儿认知绘本——谁来陪我一起吃14》	[韩]韩国麦子出版社/著；明书/译	接力出版社
	《婴儿认知绘本——各种各样好玩的鱼15》	[韩]韩国麦子出版社/著；明书/译	接力出版社
	《没关系呀！》《我也行呀！》	[韩]崔琡僖/著；麦田文化/译	天津人民美术出版社
	《汽车多多多》《火车多多多》	[韩]石哲元/著；晓晗/译	连环画出版社
	《大家来刷牙》	[美]莱斯利·麦奎尔/文；祁亮/译	北京联合出版公司
	《藏猫猫 藏猫猫》	[日]五味太郎/著；[日]猿渡静子/译	新星出版社
	《从头动到脚》	[美]艾瑞·卡尔/著；林良/译	明天出版社
	《火车快跑》	[美]唐诺·克鲁斯/著；信谊编辑部/译	明天出版社
	《棕色的熊、棕色的熊，你在看什么》	[美]比尔·马丁/文；李坤珊/译	明天出版社
	《从1"鼠"到10》	[美]玛格丽特·怀兹·布朗/文；漪然/译	湖北美术出版社
	《点点和多多·第一辑》	[英]艾玛·杜德/著	二十一世纪出版社
	《比得兔指偶书》	[英]比阿特丽克斯·波特/著；阿甲/译	新蕾出版社
	《比得兔蹦蹦跳！》	[英]比阿特丽克斯·波特/著；阿甲/译	新蕾出版社

（续表）

年龄段	书名	作者/译者	出版社
2—3岁	《DK大眼睛洞洞书》	[英]英国DK公司/原著；国开童媒（北京）文化传播有限公司/编	中央广播电视大学出版社
	《一起玩形状游戏》	[英]安东尼·布朗/文；余治莹/译	北京联合出版公司
	《神奇触摸认知书·农场》	[法]格扎维埃·德纳/绘；荣信文化/编译	未来出版社
	《喵呜系列》	[法]塞巴斯蒂安·布劳恩/著；张雨眠/译	广西师范大学出版社
	《情境认知小百科》	[法]埃尔莎·富基耶等/绘；小培/译	安徽教育出版社
	《我是一条快乐的鱼》	[法]克罗蒂亚·贝林斯基/著；郑迪蔚/译	北京联合出版公司
	《小猫咪，不见了》	[德]萨宾娜·库诺/文；褚祎奈/译	北京联合出版公司
3—4岁	韵文韵语类		
	《日有所诵·蜗牛出门》	徐冬梅、丁云、胡志远/主编	广西师范大学出版社
	《读给孩子的古诗词·童子吟1》	周啸天/主编	海燕出版社
	《可爱动物操》	方素珍/文	河北教育出版社
	《美慧树原创绘本精选：儿歌集（2—4岁）》	周兢/主编	华东师范大学出版社
	《小雨后》	周雅雯/著	人民文学出版社、天天出版社
	文学故事类		
	《错了？》	杨思帆/著	广西师范大学出版社
	《我是老虎我怕谁》	王祖民、王莺/著	江苏凤凰少年儿童出版社
	《天啊！错啦！》	徐萃、姬炤华/著	二十一世纪出版社

（续表）

年龄段	书名	作者/译者	出版社
3—4岁	《跳绳去》	萧袤/文	浙江少年儿童出版社
	《会说话的手》	朱自强/文	连环画出版社
	《我的连衣裙》	[日]西卷茅子/著；彭懿/译	明天出版社
	《可爱的鼠小弟》（全12册）	[日]中江嘉男/文；赵静、文纪子/译	南海出版公司
	《长大以后做什么？》	[日]寮美千子/文；彭懿/译	新星出版社
	《气球小熊》	[日]秋山匡/著；戴伟杰/译	河北教育出版社
	《小蛇散步》	[日]伊东宽/著；田霞/译	南海出版公司
	《晚安，猫头鹰！》	[美]佩特·哈群斯/著；余治莹/译	河北教育出版社
	《月亮，生日快乐》	[美]法兰克·艾许/著；高明美/译	明天出版社
	《阿罗系列》	[美]克罗格特·约翰逊/著；孙晓娜/译	接力出版社
	《开心小猪和大象哥哥》（全17册）	[美]莫·威廉斯/文；戴永翔、徐超、张懿/译	新星出版社
	《大卫，不可以》	[美]大卫·香农/著；余治莹/译	河北教育出版社
	《动物绝对不应该穿衣服》	[美]朱蒂·巴瑞特/文；沙永玲/译	长江少年儿童出版社
	《我的兔子朋友》	[美]埃里克·罗曼/著；柯倩华/译	河北教育出版社
	《阿虎开窍了》	[美]罗勃·卡鲁斯/文；王林/译	明天出版社
	《爸爸和我》	[英]大卫·卢卡斯/著；林昕/译	湖北美术出版社
	《抱抱》	[英]杰兹·阿波罗/著；上谊编辑部/译	明天出版社
	《小步走路》	[英]赛门·詹姆斯/著；周逸芳/译	湖北少年儿童出版社
	《不，不行！》	[法]米雷耶·阿隆索/著；戴露/译	湖北美术出版社

（续表）

年龄段	书名	作者 / 译者	出版社
	《我先，我先！》	[法]米夏埃尔·埃斯科菲耶/文；[日]宫天惠子/译	少年儿童出版社
	《是谁嗯嗯在我的头上》	[德]维尔纳·霍尔茨瓦特/文；方素珍/译	河北教育出版社
	《亲爱的小鱼》	[法]安德烈·德昂/著；余治莹/译	河北教育出版社
3—4岁	认知百科类		
	《我是谁》	格子左左/著	人民文学出版社
	《圆》	林蔚婷/著	新星出版社
	《蛋宝宝》	[日]神沢利子/文；小林、小熊/译	少年儿童出版社
	《数数看》	[日]安野光雅/著	接力出版社
	《换一换》	[日]佐藤和贵子/文；蒲蒲兰/译	二十一世纪出版社
	《谁叫醒了月亮》	[日]越野民雄/文；[日]猿渡静子/译	连环画出版社
	"我为什么讨厌"系列	[日]砐深雪/著；蒲蒲兰/译	二十一世纪出版社
	《谁藏起来了》	[日]大西悟/著；蒲蒲兰/译	二十一世纪出版社
	《谁的自行车》	[日]高畠纯/著；小鱼儿/译	中国电力出版社
	《0—4岁幼儿认知小百科》	[日]吉田纯子/绘；徐超/译	长江少年儿童出版社
	《小猪威比生活绘本》	[英]米克·英克潘/原著；黄耀华/改编	二十一世纪出版社
	《小布启蒙成长翻翻书》	[英]罗德·坎贝尔/著；大麦/译	二十一世纪出版社
	《神奇的机器》	[英]托尼·米顿/文；张彬荣/译	二十一世纪出版社
	《最美自然洞洞绘本》（全8册）	[法]玛加丽·阿特罗比等/著；张木天/译	未来出版社

年龄段	书名	作者 / 译者	出版社
3—4岁	《第一次发现丛书·概念类》	法国伽利玛少儿出版社/编；罗静平/译	接力出版社
	《巴巴爸爸认知故事系列》	[法]安娜特·缇森、德鲁斯·泰勒；谢逢蓓/译	接力出版社
	《点点点》	[法]埃尔维·杜莱/文；蒲蒲兰/译	二十一世纪出版社
	《我不想……》	[法]弗雷德里克·凯斯勒/著；魏舒/译	新星出版社
	《颜色的秘密》	[瑞士]埃特尼·德里泽特/著；林昕/译	湖北美术出版社
	《我的小马桶·小男孩》《我的小马桶·小女孩》	[以色列]阿罗娜·弗兰克尔/著；林芳萍/译	北京联合出版公司
4—5岁	韵文韵语类		
	《日有所诵·蚂蚁搬豆》	徐冬梅、丁云、胡志远/主编	广西师范大学出版社
	《凯叔选给孩子的99首古诗》	凯叔/编著	中信出版集团
	《月亮走我也走》	蔡皋/绘	湖南少年儿童出版社
	《一园青菜成了精》	熊亮/著绘	天津人民出版社
	《四季歌》	[美]简·约伦/著；汪杨/译	新星出版社
	文学故事类		
	《幼学启蒙系列丛书》	赵镇琬/主编	新世界出版社
	《爸爸去上班》	吕江/著	明天出版社
	《大家来喝水！》	刘奔/文	中国中福会出版社
	《如果我是你》	董阳/著	北京联合出版公司
	《黑米走丢了》	弯弯/著	明天出版社
	《到乌龟国去》	刘旭恭/著	郑州大学出版社
	《我变成一只喷火龙了！》	赖马/著	河北教育出版社
	《14只老鼠》	[日]岩村和朗/著；彭懿/译	接力出版社

（续表）

年龄段	书名	作者／译者	出版社
	《古利和古拉》	[日]中川李枝子／文；季颖／译	南海出版公司
	《你好，安东医生》	[日]西村敏雄／著；袁秀敏／译	连环画出版社
	《丹尼和恐龙》	[美]悉德·霍夫／著；黄建萍／译	浙江少年儿童出版社
	《请安静！图书馆里有只金丝雀》	[美]唐·弗里曼／编绘；孙慧阳／译	海豚出版社
	《在森林里》	[美]玛莉·荷·艾斯／著；赵静／译	二十一世纪出版社
	《打瞌睡的房子》	[美]奥黛莉·伍德／文；柯倩华／译	明天出版社
	《好消息，坏消息》	[美]杰夫·麦克／著；李奂／译	江苏凤凰文艺出版社
	《武士与龙》	[美]汤米·狄波拉／著；柯倩华／译	明天出版社
	《妈妈不知道我的名字》	[美]苏珊·威廉斯／文；杨华京／译	北京联合出版公司
	《嘘！》	[美]何明方／文；周英／译	广西师范大学出版社
4—5岁	《小蓝和小黄》	[美]李欧·李奥尼／著；彭懿／译	明天出版社
	《捉小熊》	[英]安东尼·布朗／著；阿甲／译	北京联合出版公司
	《臭臭的比尔》	[英]丹尼尔·帕斯盖特／著；张杨静／译	湖北美术出版社
	《烦人的兔子》	[英]席亚拉·弗勒德／著；王芳／译	希望出版社
	《我的大喊大叫的一天！》	[英]瑞贝卡·帕特森／著；孙昱／译	新世纪出版社
	《再来一次》	[英]埃米莉·格雷维特／著；彭懿、杨玲玲／译	二十一世纪出版社
	《吃掉你的豌豆》	[英]凯斯·格雷／文；崔维燕／译	二十一世纪出版社
	《猜猜我有多爱你》	[英]山姆·麦克布雷尼／文；梅子涵／译	明天出版社
	《我爱幼儿园》	[法]塞尔日·布洛克／著；张艳／译	北京科学技术出版社

（续表）

年龄段	书名	作者 / 译者	出版社
	《克里克塔》	[法]汤米·温格尔/著；蒲蒲兰/译	二十一世纪出版社
	《小兔汤姆成长的烦恼图画书》（第一辑）	[法]克斯多夫·勒·马斯尼/文；梅莉/译	海燕出版社
	《蓝色的椅子》	[法]克洛德·布容/著；匙河/译	北京联合出版公司
	认知百科类		
4—5岁	《美慧树原创绘本精选·动物朋友们》	周兢/主编	华东师范大学出版社
	《手指·嘹》	[日]木曾秀夫/著；游蕾蕾/译	北京联合出版公司
	《162只螳螂》	[日]得田之久/著；唐彦/译	少年儿童出版社
	《叶子小屋》	[日]征矢清/文；李力丰/译	北京科学技术出版社
	《开车出发系列》（第一辑）	[日]间濑直方/著；彭懿．周龙梅/译	二十一世纪出版社
	《这样的尾巴可以做什么？》	[美]史蒂夫·詹金斯/文；郭恩惠/译	河北教育出版社
	《绿》	[美]劳拉·瓦卡罗·希格/著；大麦/译	二十一世纪出版社
	《我想变成彩色鱼》	[美]露易丝·艾勒特/著；范晓星/译	湖北美术出版社
	《好饿的毛毛虫》	[美]艾瑞·卡尔/著；郑明进/译	明天出版社
	《乐乐趣科普翻翻书》（第一辑）	[英]罗布·利奥伊德·琼斯等/文；荣信文化/译	未来出版社
	《如果地球被我们吃掉了》	[法]阿兰·塞尔/文；武娟/译	河北教育出版社
	《迷宫》	[法]泰奥·吉尼亚尔/著	新星出版社
	"贴进大自然"系列	[法]奥林维娅·科斯纽等/编著；荣信文化/编译	未来出版社
	《我的小小自然书》	[德]卡特琳·维勒/著；张在/译	新星出版社

（续表）

年龄段	书名	作者／译者	出版社
4—5岁	《与众不同的站出来》	[德]布丽塔·泰肯特鲁普／著；焦东雨／译	二十一世纪出版社
	韵文韵语类		
	《日有所诵·狐狸考小鸡》	徐冬梅、丁云、胡志远／主编	广西师范大学出版社
	《陪孩子读古诗词》	马东瑶、周剑之等／编著	中国少年儿童出版社
	《中国经典童谣分级读：哈巴狗 戴铃铛》	金波／编	接力出版社
	《中国传统童谣书系：游戏歌·城门城门几丈高》	金波／编	接力出版社
	《美慧树原创绘本精选：儿歌集（4—6岁）》	周兢／主编	华东师范大学出版社
	文学故事类		
5—6岁	《大闹天宫》	[明]吴承恩／原著	连环画出版社
	《小纸船看海》	林良／著	福建少年儿童出版社
	《仓颉造字》	李健／编绘	新疆青少年出版社
	《妹妹的大南瓜》	九儿／著	连环画出版社
	《武松打虎》	熊亮／著绘	天津人民出版社
	《最可怕的一天》	汤姆牛／著	北京联合出版公司
	《乌龟一家去看海》	张宁／著	接力出版社
	《青蛙与男孩》	萧袤／文	海燕出版社
	《方脸公公和圆脸婆婆》	武玉桂／原文；翔子／编	二十一世纪出版社
	《乌鸦面包店》	[日]加古里子／著；[日]猿渡静子／译	新星出版社
	《了不起的爸爸系列》	[日]平田昌广／著；田秀娟／译	接力出版社
	《第五个》	[奥地利]恩斯特·杨德尔／文	南海出版公司

（续表）

年龄段	书名	作者/译者	出版社
5—6岁	《圣诞老人的王国》	[日]松本智年、一色恭子/原著；[日]猿渡静子/译	新星出版社
	《讨厌》	[日]中川宏贵/著；荀颖/译	北京科学技术出版社
	《哂吧爷爷的柿子树》	[日]须藤麻江/文；季颖/译	北京联合出版公司
	《李欧·李奥尼经典作品集》（全14册）	[美]李欧·李奥尼/著；彭懿、阿甲/译	南海出版公司
	《逃家小兔》	[美]玛格丽特·怀兹·布朗/文；黄迺毓/译	明天出版社
	《幸福的大桌子》	[日]森山京/文；蒲蒲兰/译	二十一世纪出版社
	《熊吃了你的三明治》	[美]茱莉娅·萨科内-罗奇/著；兆新/译	新星出版社
	《好脏的哈利》	[美]吉恩·蔡思/著；任溶溶/译	新星出版社
	《艺术大魔法》	[美]大卫·威斯纳/著；余治莹/译	河北教育出版社
	《约瑟夫有件旧外套》	[美]西姆斯·塔贝克/著；方素珍/译	河北教育出版社
	《我好担心》	[美]凯文·亨克斯/著；方素珍/译	河北教育出版社
	《这不是我的帽子》	[美]乔恩·克拉森/著；杨玲玲、彭懿/译	明天出版社
	《不会写字的狮子》	[德]马丁·巴兹塞特/著；赖雅静/译	河北教育出版社
	《最奇妙的蛋》	[德]赫姆·海恩/著；李紫蓉/译	明天出版社
	《雪地里开了朵太阳花》	[英]特雷西·科德罗伊/著；青豆童书馆 文不丁/译	重庆出版社
	《明明是大象》	[英]布鲁斯·鲁宾逊/著；宋杰青/译	外语教学与研究出版社
	《床底下的怪物》	[英]珍妮·威利斯/著；火辣果子/译	河北少年儿童出版社

（续表）

年龄段	书名	作者/译者	出版社
	《南瓜汤》	[英]海伦·库柏/著；柯倩华/译	明天出版社
	《母鸡萝丝去散步》	[英]佩特·哈群斯/著；上谊出版部/译	明天出版社
	《企鹅爸爸爱上网》	[比利时]菲利普·德·肯米特/著；谢丹云/译	重庆出版社
	《青蛙弗洛格的成长故事》（全12册）	[荷兰]马克斯·维尔修思/著；杨玲玲、彭懿/译	湖南少年儿童出版社
	《森林》	[澳]马克·马丁/著；毛筠/译	中国电力出版社
	《爸爸，然后呢？》	[意]安娜·拉瓦泰利/著；孙超群/译	新星出版社
	认知百科类		
5—6岁	《小蜗牛找好吃的》	车丽娇/著	中信出版集团
	《11只灰雁往南飞》	吴烜/文	中国中福会出版社
	《记事情》	余丽琼/文	明天出版社
	"小小牛顿幼儿馆"（第一辑）	台湾牛顿出版公司/编	贵州教育出版社
	《斯凯瑞金色童书》（第一辑）	[美]理查德·斯凯瑞/著；漆仰平等/译	贵州人民出版社
	《学会爱自己》（第一辑）	[美]珊蒂·克雷文等/著；刘敏/译	青岛出版社
	《环游世界做苹果派》	[美]玛乔丽·普赖斯曼/著；李永怡/译	河北教育出版社
	《汽车嘟嘟嘟系列》	[日]竹下文子/著；彭懿/译	接力出版社
	《肚子里有个火车站》	[德]安娜·鲁斯曼/著；张振/译	北京科学技术出版社
	《一本关于颜色的黑书》	[委内瑞拉]梅米娜·哥登/文；朱晓卉/译	接力出版社

（续表）

年龄段	书名	作者/译者	出版社
	文学类		
	《老鼠娶新娘》	张玲玲/文	二十一世纪出版社
	《跑跑镇》	亚东/文	明天出版社
	《西西》	萧袤/文	海燕出版社
	《100只兔子想唱歌》	刘保法/文	中国中福会出版社
	《子儿，吐吐》	李瑾伦/著	明天出版社
	《谜语》	刘洵/著	中国中福会出版社
	《耗子大爷在家吗？》	编自北方童谣	明天出版社
	《咕叽咕叽》	陈致元/著	明天出版社
	《迟到的理由》	姚佳/著	明天出版社
	《云朵一样的八哥》	白冰/文	接力出版社
6—7岁	《我家里有个妖怪》	王蕾/文	天津人民美术出版社
	《大卫上学去》	[美]大卫·香农/著；余治莹/译	河北教育出版社
	《蚯蚓的日记》	[美]朵琳·克罗宁/文、陈宏淑/译	明天出版社
	《下雪天》	[美]艾兹拉·杰克·季兹/著；上谊编辑部/译	明天出版社
	《一寸虫》	[美]李欧·李奥尼/著；杨茂秀/译	明天出版社
	《雪人》	[英]雷蒙·布力格/著；王星/译	明天出版社
	《月亮的味道》	[波兰]麦克·格雷涅茨/著；漪然、彭懿/译	二十一世纪出版社
	《爸爸去哪儿了？》	[日]五味太郎/著；[日]猿渡静子/译	新星出版社
	《蚂蚁和西瓜》	[日]田村茂/著；蒲蒲兰/译	二十一世纪出版社
	《棉被山隧道》	[日]那须正干/文；彭懿、周龙梅/译	二十一世纪出版社

（续表）

年龄段	书名	作者／译者	出版社
6—7岁	《彩虹色的花》	[波兰]麦克·格雷涅茨/原作；[日]细野绫子/文；蒲蒲兰/译	二十一世纪出版社
	《阿文的小毯子》	[美]凯文·亨克斯/著；方素珍/译	河北教育出版社
	《奥莉薇》	[美]伊恩·福尔克纳/著；郝广才/译	河北教育出版社
	《神奇糖果店》	[日]宫西达也/著；朱自强/译	河北教育出版社
	《沙发底下藏着什么》	[英]玛格丽特·马伊/文；马烁雅/译	湖北美术出版社
	《有个老婆婆吞了一只苍蝇》	[美]西姆斯·塔贝克/著；杨鹏/译	南海出版公司
	《威廉先生的圣诞树》	[美]罗伯特·巴瑞/著；翌平/译	湖北美术出版社
	《城市老鼠和乡下老鼠》	[英]贝妮黛·华兹/著；刘海颖/译	湖北少年儿童出版社
	《狮子爸爸的茶会》	[英]马克·斯佩林/著；陈木含/译	郑州大学出版社
	《有些时候，我特别喜欢爸爸》	[法]阿诺·阿梅哈/文；尉迟秀/译	明天出版社
	《一口袋的吻》	[英]安杰拉·迈克奥里斯特/文；漆仰平/译	贵州人民出版社
	《圆点》	[美]帕特丽夏·因特里亚戈/著；彭懿、杨玲玲/译	二十一世纪出版社
	《笨狼的故事》	汤素兰/著	浙江少年儿童出版社
	《狐狸的钱袋》	赖晓珍/著	青岛出版社
	《小猪唏哩呼噜》	孙幼军/著	春风文艺出版社
	《彼得兔经典故事》	[英]毕翠克丝·波特/著；程玮/译	南京大学出版社
	《青蛙和蟾蜍》	[美]艾诺·洛贝尔/著；潘人木、党英台/译	明天出版社
	《我和小姐姐克拉拉》	[德]迪米特尔·茵可夫/著；程玮/译	二十一世纪出版社集团

（续表）

年龄段	书名	作者 / 译者	出版社
6—7岁	《小熊帕丁顿系列·蒸发魔法》	[英]迈克尔·邦德/著；谢芳群/译	接力出版社
	《聪明的狐狸》	[捷克]约瑟夫·拉达/著；韦苇/译	广西师范大学出版社
	《豆丁要回家》	黄丽丽/著	明天出版社
	《我讨厌宝弟!》	符文征/著	浙江少年儿童出版社
	《葡萄》	邓正祺/著	明天出版社
	《哈气河马》	刘洵/著	中国少年儿童出版社
	《饺子和汤圆》	卷儿/文	连环画出版社
	《噼里啪啦掉下来》	[日]本下泉美/文；田秀娟/译	连环画出版社
	《家里有了新宝宝》	[日]岩崎千弘/著；[日]猿渡静子/译	连环画出版社
	《母鸡为什么过马路》	[美]大卫·麦考利/著；兆新/译	河北少年儿童出版社
	《小魔怪要上学》	[法]玛丽·阿涅丝·高德哈/文；李英华/译	湖北美术出版社
	《100层的房子》	[日]岩井俊雄/著；于海洋/译	北京科学技术出版社
	《手电筒看见了什么》	[美]利兹·博伊德/著	接力出版社
	《苍蝇的日记》	[美]朵琳·克罗宁/著；侯超/译	北京科学技术出版社
	《有些时候，我特别喜欢妈妈》	[法]阿诺·阿梅哈/文；谢逦蓓/译	明天出版社
	《海马先生》	[美]艾瑞·卡尔/著；王林/译	明天出版社
	《莎莎的月光》	[美]伊芙琳·尼丝/著；白薇/译	二十一世纪出版社
	《下雨了》	汤姆牛/著	北京联合出版公司
	《好想吃榴莲》	刘旭恭/著	明天出版社

（续表）

年龄段	书名	作者/译者	出版社
6—7岁	《荷花姑娘模样好》	杨舒棠/文	河北教育出版社
	《贝壳鸟》	王一梅/著	天天出版社
	《小蝌蚪吞了一块天》	鲁冰/著	天天出版社
	《穿花裙的狼》	金近/著	中国少年儿童出版社
	《花田小学的属鼠班1：我们是属鼠班》	朱自强、左伟/文	二十一世纪出版社
	《君伟上小学：1年级鲜事多》	王淑芬/著	浙江少年儿童出版社
	《彩虹真好看！》	[奥地利]蕾娜特·威尔士/著；刘海颖/译	广西师范大学出版社
	《亲爱的小熊》	[美]埃尔斯·霍姆伦德·米纳里克/著；王林/译	贵州人民出版社
	《劳拉的星星：开学第一天》	[德]克劳斯·鲍姆加特/著；许婷/译	中国少年儿童出版社
	《丁丁历险记》	[比利时]埃尔热/编绘；王炳东/译	中国少年儿童出版社
	《教室里的海盗》	[法]克里斯蒂娜·帕吕伊/文；周国强/译	广州出版社
	《狐狸福斯和兔子哈斯：一个蛋的来历》	[比利时]赛尔菲亚·范登·海德/文；张广睿/译	贵州人民出版社
人文百科类			
	《第一次发现丛书：走进森林》	法国伽利玛少儿出版社/编；全慧/译	接力出版社
	《十个人快乐大搬家》	[日]安野光雅/著；艾茗/译	九州出版社
	《一家人》	[美]乔治·香农/文；胡宜之/译	二十一世纪出版社
	《很特别的音乐故事·音乐与数学》	[韩]马仲物/著；夏艳/译	长春出版社

（续表）

年龄段	书名	作者／译者	出版社
6—7岁	《地上地下·自然》《地上地下·城市》	[法]安妮-索菲·鲍曼/著；青豆童书馆 王茜/译	重庆出版社
	《神奇校车》	[美]乔安娜·柯尔/文；蒲公英童书馆/译	贵州人民出版社
	《365个艺术创意》	[英]菲欧娜·伟特/著；郑勤砚、高婷婷、张洋/译	光明日报出版社
	《大家来逛动物园》	[日]阿部弘士/著；郑明进/译	少年儿童出版社
	《虎凤蝶》	[日]馆野鸿/著；彭懿/译	长江少年儿童出版社
	《大自然会说话》	[英]艾利森·福尔门托/著；徐岱楠/译	敦煌文艺出版社
	《动物大书》	[美]英格丽·多莱尔/著；李剑敏/译	浙江少年儿童出版社
	《亲亲自然》	[日]七尾纯/文；李丹/译	希望出版社
7—8岁	文学类		
	《我有友情要出租》	方素珍/著	新疆青少年出版社
	《灶王爷》	熊亮/著绘	天津人民出版社
	《荷花镇的早市》	周翔/著	二十一世纪出版社
	《漏》	改编自民间故事	明天出版社
	《骑着恐龙去上学》	刘思源/文	北京联合出版公司
	《爸爸小时候有恐龙》	[法]文森特·马龙/文；沙杜/译	少年儿童出版社
	《迟到大王》	[英]约翰·柏林罕/著；党英台/译	明天出版社
	《我是霸王龙》	[日]宫西达也/著；杨文/译	二十一世纪出版社
	《朱家故事》	[英]安东尼·布朗/著；柯倩华/译	河北教育出版社
	《疯狂星期二》	[美]大卫·威斯纳/著	河北教育出版社

（续表）

年龄段	书名	作者/译者	出版社
7—8岁	《让路给小鸭子》	[美]罗伯特·麦克洛斯基/著；柯倩华/译	河北教育出版社
	《生气汤》	[美]贝西·艾芙瑞/著；柯倩华/译	明天出版社
	《魔奇魔奇树》	[日]齐藤隆介/著；彭懿/译	新星出版社
	《脑袋上的池塘》	[日]日野十成/改编；彭懿/译	明天出版社
	《太阳和月亮为什么住在天上》	[美]埃尔芬斯通·戴罗尔/著；杨政、宋红方/译	浙江少年儿童出版社
	《艾莫有了个小弟弟》	[英]罗伦·乔尔德/著；范晓星/译	接力出版社
	《先左脚,再右脚》	[美]汤米·狄波拉/著；柯倩华/译	河北教育出版社
	《鸭子骑车记》	[美]大卫·香农/著；彭懿/译	南海出版公司
	《大树,我饶不了你》	[日]佐野洋子/著；唐亚明/译	接力出版社
	《七只瞎老鼠》	[美]杨志成/著；王林/译	河北教育出版社
	《大脚丫跳芭蕾》	[美]埃米·扬/著；柯倩华/译	河北教育出版社
	《谁要一只便宜的犀牛》	[美]谢尔·希尔弗斯坦/著；任溶溶/译	南海出版公司
	《母鸡的旅行》	[澳]安娜·沃克/著；了了/译	长江少年儿童出版社
	《讨厌黑夜的席奶奶》	[美]凯利·杜兰·瑞安/文；林良/译	河北教育出版社
	《第一次上街买东西》	[日]筒井赖子/著；彭懿/译	新星出版社
	《阿秋和阿狐》	[日]林明子/著；彭懿/译	南海出版公司
	《我讨厌书》	[加]玛秋莎·帕基/文；萧晶/译	上海人民美术出版社
	《好奇的乔治和黄帽子》	[德]H.A.雷/著；崔维燕/译	二十一世纪出版社
	《遇见春天》	[日]原京子/文；蒲蒲兰/译	二十一世纪出版社

（续表）

年龄段	书名	作者 / 译者	出版社
	《三个强盗》	[法]汤米·温格尔/著；张剑鸣/译	明天出版社
	《天鹅》	[美]劳雷尔·斯奈德/文；余治莹/译	长江少年儿童出版社
	《黑暗》	[美]雷蒙·斯尼奇/文；杨玲玲、彭懿/译	贵州人民出版社
	《戴小桥和他的哥们儿·特务足球赛》	梅子涵/著	新蕾出版社
	《神笔马良》	洪汛涛/著	湖南少年儿童出版社
	《没头脑和不高兴》	任溶溶/著	浙江少年儿童出版社
	《大头儿子和小头爸爸》	郑春华/著	长江文艺出版社
	《七色花》	[苏联]瓦·卡达耶夫/著；曹靖华/译	人民教育出版社
7—8岁	《小熊温尼·菩》	[英]艾伦·亚历山大·米尔恩/著；文培红/译	湖南少年儿童出版社
	《了不起的狐狸爸爸》	[英]罗尔德·达尔/著；代维/译	明天出版社
	《豆蔻镇的居民和强盗》	[挪威]托比扬·埃格纳/著；叶君健/译	湖南少年儿童出版社
	《一年级大个子二年级小个子》	[日]古田足日/著；彭懿/译	接力出版社
	《弗朗兹的故事》	[奥地利]克里斯蒂娜·涅斯特林格/著；湘雪/译	二十一世纪出版社
	《木偶奇遇记》	[意]卡洛·科洛迪/著；任溶溶/译	人民文学出版社
	《愿望的实现》	[印度]罗宾德拉纳特·泰戈尔/著	人民教育出版社
	《牙齿，牙齿，扔屋顶》	刘洵/著	中国中福会出版社
	《十兄弟》	沙永玲/编著	郑州大学出版社

（续表）

年龄段	书名	作者/译者	出版社
7—8岁	《遮月亮的人》	[法]埃里克·皮巴雷/著；戴磊/译	北京科学技术出版社
	《手套》	[俄]叶夫格尼·M.拉乔夫/编绘；任溶溶/译	二十一世纪出版社
	《逛了一圈》	[美]安·乔纳斯/著；潘人木/译	河北教育出版社
	《小橘灯》	冰心/文	连环画出版社
	《不一样的卡梅拉》	[法]克利斯提昂·约里波瓦/文；郑迪蔚/译	二十一世纪出版社
	《喂，小蚂蚁》	[美]菲利普·胡斯、汉娜·胡斯/文；漪然/译	湖南少年儿童出版社
	《跑得太快的斑马》	[英]珍妮·德斯蒙德/文；任溶溶/译	北京联合出版公司
	《老虎来喝下午茶》	[英]朱迪斯·克尔/著；彭懿、杨玲玲/译	接力出版社
	《大鬼小鬼图书馆》	幸佳慧/文	郑州大学出版社
	《一个黑黑、黑黑的故事》	[美]露丝·布朗/著；敔德/译	河北少年儿童出版社
	《爷爷的肉丸子汤》	[日]角野荣子/文；彭懿/译	贵州人民出版社
	《鸭子的假期》	[以色列]吉拉德·索弗/著；刘杨/译	中信出版集团
	《老轮胎》	贾为/文	江苏凤凰少年儿童出版社
	《可爱的小崔斑》	[美]朱丽安·摩尔/著；王轶美/译	新星出版社
	《安静！》	[美]瑞安·T.希金斯/著；青豆童书馆 七月/译	郑州大学出版社
	《打灯笼》	王亚鸽/文	连环画出版社
	《蝴蝶·豌豆花——中国经典童诗》	金波/诗歌主编；蔡皋/绘画主编	河北教育出版社

（续表）

年龄段	书名	作者/译者	出版社
7—8岁	《小巴掌童话百篇》	张秋生/著	中国少年儿童出版社
	《树叶鸟》	冰波/著	湖北美术出版社
	《吕丽娜童话精选集：五只小兔子的远方》	吕丽娜/著	人民教育出版社
	《我想养一只鸭子》	陈诗哥/著	明天出版社
	《月光下的蝈蝈》	安武林/著	天天出版社
	《好新鲜教室》	林哲璋/著	青岛出版社
	《索尼娅的小秘密》	[法]卡特琳·德·拉扎/文；周国强/译	长江少年儿童出版社
	《钢琴小精灵》	[德]洛特·金仕可菲/著；郑高凤/译	新蕾出版社
	《跑猪噜噜》	[德]乌韦·狄姆/著；陈俊/译	二十一世纪出版社
	《小矮人茨威格》	[德]阿里·米特古奇/著；冯琪/译	北京科学技术出版社
	《牧羊猪》	[英]迪克·金－史密斯/著；王雪莹/译	新蕾出版社
	《兔子坡》	[美]罗伯特·罗素/著；陆剑/译	广西师范大学出版社
	《魔镜》	[西班牙]霍尔迪·塞拉·依·法布拉/著；谭博、杨红/译	新蕾出版社
	《云朵工厂》	[西班牙]霍尔迪·塞拉·依·法布拉/文；李竞阳/译	新蕾出版社
	《飞吧！红头发》	[奥地利]克里斯蒂娜·涅斯特林格/著；陈琦/译	新蕾出版社
	《晴天有时下猪》	[日]矢玉四郎/著；彭懿/译	二十一世纪出版社
	《巴特先生的返老还童药》	[奥地利]克里斯蒂娜·涅斯特林格/著；施岷/译	新蕾出版社
	《香草女巫》	[瑞士]艾弗琳娜·哈斯勒/著；程玮/译	二十一世纪出版社

（续表）

年龄段	书名	作者/译者	出版社
	《聪明的鸭子》	[英]迪克·金－史密斯/著；吕培明、蒋丹/译	新蕾出版社
	人文百科类		
	《来喝水吧》	[澳]葛瑞米·贝斯/著；影子/译	长江少年儿童出版社
	《自然图鉴》	[日]松冈达英/编；黄帆/译	贵州人民出版社
	《你好！世界》	[瑞典]安娜·菲斯克/著；李菁菁/译	广西科学技术出版社
	《美术馆里遇到的数学》	[韩]马仲物/著；李春晖/译	长春出版社
	《都是放屁惹的祸》	[法]桑德里娜·迪马·罗依/文；谢维玲/译	北京联合出版公司
7—8岁	《新房子》	周虹珉/著	中国中福会出版社
	《自然科学童话》	[韩]李尚培等/著；杨竹君/译	九州出版社
	《我身边的大自然》	[日]五味太郎、伊势英子等/著；田秀娟、李奕、丁虹等/译	新星出版社
	《你好！地球家园》	[美]凯瑟琳·希尔/著；赵卓筠/译	海豚出版社
	《大洞洞 小洞洞》	陈木城/文	五洲传播出版社
	《飞鸟集》	[英]让·卢梭/著；陈晨/译	长江少年儿童出版社
	《有故事的汉字》	邱昭瑜/编著	青岛出版社
	文学类		
	《进城》	林秀穗/文	明天出版社
	《犟龟》	[德]米切尔·恩德/文；何珊/译	二十一世纪出版社
8—9岁	《老鼠牙医生》	[美]威廉·史塔克/著；任溶溶/译	二十一世纪出版社
	《野兽国》	[美]莫里斯·桑达克/著；宋珮/译	贵州人民出版社

（续表）

年龄段	书名	作者／译者	出版社
8—9岁	《爷爷一定有办法》	[加]菲比·吉尔曼/著；宋珮/译	明天出版社
	《三只小猪》	[美]大卫·威斯纳/著；彭懿/译	浙江少年儿童出版社
	《有个性的羊》	[德]达尼拉·楚德岑思克/文；王星/译	湖北美术出版社
	《妈妈你好吗？》	[日]后藤龙二/文；蒲蒲兰/译	二十一世纪出版社
	《鲸鱼》	[日]五味太郎/著；余治莹/译	河北教育出版社
	《松鼠先生和月亮》	[德]塞巴斯蒂安·麦什莫泽/文；王晓翠/译	湖北美术出版社
	《生气的亚瑟》	[英]希亚文·奥拉姆/文；柯倩华/译	河北教育出版社
	《小房子变大房子》	[英]朱莉娅·唐纳森/文；任溶溶/译	外语教学与研究出版社
	《我怎样学习地理》	[美]尤里·舒利瓦茨/著；彭懿、杨玲玲/译	二十一世纪出版社
	《国王与死神》	[荷兰]库斯·迈因德兹、哈里·杰克斯/文；李媛媛/译	明天出版社
	《勇气》	[美]伯纳德·韦伯/著；阿甲/译	南海出版公司
	《父与子全集》	[德]埃·奥·卜劳恩/绘；阿卡狄亚/译	河北美术出版社
	《鼹鼠的月亮河》	王一梅/著	新蕾出版社
	《梦的门》	王立春/著	江苏凤凰少年儿童出版社
	《水妖喀喀莎》	汤汤/著	浙江少年儿童出版社
	《安徒生童话》	[丹麦]安徒生/著；叶君健/译	广西师范大学出版社
	《伊索寓言》	[古希腊]伊索/著；韦苇/译	广西师范大学出版社

（续表）

年龄段	书名	作者 / 译者	出版社
8—9岁	《魔法师的帽子》	[芬兰]托芙·扬松/绘画；任溶溶/译	明天出版社
	《绿野仙踪》	[美]莱曼·弗兰克·鲍姆/著；陈伯吹/译	广西师范大学出版社
	《长袜子皮皮》	[瑞典]阿斯特丽德·林格伦/著；李之义/译	中国少年儿童出版社
	《时代广场的蟋蟀》	[美]乔治·塞尔登/著；傅湘雯/译	二十一世纪出版社
	《亲爱的汉修先生》	[美]贝芙莉·克莱瑞/著；柯倩华/译	新蕾出版社
	《随风而来的玛丽阿姨》	[英]帕·林·特拉芙斯/著；任溶溶/译	明天出版社
	《格林童话》	[德]格林兄弟/著；魏以新/译	广西师范大学出版社
	《躲猫猫大王》	张晓玲/文	明天出版社
	《和风一起散步》	熊亮/著绘	天津人民出版社
	《九色鹿》	保冬妮/文	北京师范大学出版社
	《北京的春节》	老舍/文	连环画出版社
	《天衣无缝针》	龚燕翎/著	天天出版社
	《圣诞老奶奶》	[日]佐野洋子/著；唐亚明/译	南京大学出版社
	《罗西想当发明家》	[美]安德里亚·贝蒂/著；任杰/译	新星出版社
	《第一次野营》	[日]林明子/著；唐橙橙/译	光明日报出版社
	《夜色下的小屋》	[美]苏珊·玛丽·斯万森/著；赵可/译	新星出版社
	《两个男孩的完美假日》	[美]马拉·弗雷齐/著；杨玲玲、彭懿/译	浙江少年儿童出版社
	《好严肃的农场》	[美]提姆·伊根/著；张弘/译	漓江出版社
	《爷爷的摇椅》	[韩]李尚乔/文；千日/译	漓江出版社

（续表）

年龄段	书名	作者 / 译者	出版社
8—9岁	《你很快就会长高》	[英]安琪雅·薛维克/文；佘治莹/译	长江少年儿童出版社
	《威廉的洋娃娃》	[美]夏洛特·佐罗托/著；周琰/译	浙江少年儿童出版社
	《布鲁斯旅馆》	[美]瑞安·T.希金斯/著；常立/译	郑州大学出版社
	《别动！》	[南非]亚历克斯·拉蒂默/著；徐德荣/译	郑州大学出版社
	《小真的长头发》	[日]高楼方子/著；季颖/译	新星出版社
	《凤喜欢和我玩》	[美]玛丽·荷·艾斯/著；赵静/译	二十一世纪出版社
	《没事，你掉下来我会接住你》	[英]马克·斯珀林/著；赵可/译	新星出版社
	《原来妈妈也有起床气》	[法]西尔维·德玛丘斯/文；梅静/译	漓江出版社
	《我是一个可大可小的人》	任溶溶/著	浙江少年儿童出版社
	《大林和小林》	张天翼/著	海豚出版社
	《装在口袋里的爸爸》	杨鹏/著	春风文艺出版社
	《青草国的鹅》	汤汤/著	少年儿童出版社
	《会飞的伙伴》	宗介华/著	湖南少年儿童出版社
	《伟大的约克先生》	朱奎/著	二十一世纪出版社
	《天使没有长大》	李学斌/著	长江少年儿童出版社
	《我的儿子皮卡：尖叫》	曹文轩/著	二十一世纪出版社
	《复制瞌睡羊》	管家琪/著	广州出版社
	《我的朋友容容》	任大霖/著	少年儿童出版社
	《中国老故事》	亲近母语研究院/编著	广西师范大学出版社

（续表）

年龄段	书名	作者/译者	出版社
8—9岁	《雨雨的桃花源》	葛冰/著	天天出版社
	《民国乡村小学生的日记》	吴珮瑛等/著	华文出版社
	《洋葱头历险记》	[意]贾尼·罗大里/著；任溶溶/译	中国少年儿童出版社
	《小淘气尼古拉的故事》	[法]勒内·戈西尼/文；戴捷/译	中国少年儿童出版社
	《雷梦拉八岁》	[美]贝芙莉·克莱瑞/著；吴淑娟、江世伟/译	新蕾出版社
	《吹牛大王历险记》	[德]拉斯伯·毕尔格/著；谭旭东/译	中国少年儿童出版社
	《假话国历险记》	[意]贾尼·罗大里/著；李婧敬/译	中国少年儿童出版社
	《大盗贼》	[德]奥得弗雷德·普鲁士勒/著；程玮/译	二十一世纪出版社
	《狐狸列那的故事》	[法]贝纳/著；韦德福/译	浙江少年儿童出版社
	《托莱摩斯的面包房》	[日]小仓明/著；侯鹏图/译	新蕾出版社
	《鼹鼠原野的伙伴们》	[日]古田足日/著；彭懿/译	接力出版社
	《马蒂和三个天大的谎言》	[德]萨拉·璐拉/著；王泰智、沈惠珠/译	新蕾出版社
	《动物大逃亡》	[奥地利]米拉·洛贝/著；郑高凤/译	新蕾出版社
	《了不起的大盗奶奶》	[英]大卫·威廉姆斯/著；徐匡/译	接力出版社
	《绿拇指男孩》	[法]莫里斯·杜恩/著；甄大台/译	新蕾出版社
	《小淘气鲁夫》	[美]埃莉诺·埃斯特/著；余国芳/译	贵州人民出版社
	《等待魔法》	[美]帕特里夏·麦克拉克伦/著；张树娟/译	天天出版社

（续表）

年龄段	书名	作者/译者	出版社
8—9岁	《肯尼和大怪龙》	[美]托尼·迪特利齐/著；任溶溶/译	贵州人民出版社
	《老鼠阿贝漂流记》	[美]威廉·史塔克/著；姚雁青/译	二十一世纪出版社
	《水孩子》	[英]查尔斯·金斯莱/著；张炽恒/译	华东师范大学出版社
	《小女巫》	[德]奥得弗雷德·普鲁士勒/著；张捷鸿/译	二十一世纪出版社
	《小袋鼠和他的朋友们》	[德]保罗·马尔/著；李士勋/译	河北少年儿童出版社
	《淘气的阿柑》	[美]莎拉·潘尼培克/著；邹嘉容/译	贵州人民出版社
	《魔法人家族》	[新西兰]玛格丽特·梅喜/著；孙法理/译	湖南少年儿童出版社
	《蒂拉的天空》	[挪威]黑格·托尔文/著；李菁菁/译	天天出版社
	《帅猪的冒险》	[英]约翰·赛克斯伯/著；徐纪贵/译	湖南少年儿童出版社
	《帅狗杜明尼克》	[美]威廉·史塔克/著；姚雁青/译	二十一世纪出版社
	《女巫》	[英]罗尔德·达尔/著；任溶溶/译	明天出版社
	《波普先生的企鹅》	[美]理查德·阿特沃特、弗洛伦斯·阿特沃特/著；安聿麒/译	新蕾出版社
	《尼姆的老鼠》	[美]罗伯特·奥布赖恩/著；贾淑勤/译	湖南少年儿童出版社
	《男孩石头脸》	[美]保拉·福克斯/著；崔芳源/译	甘肃少年儿童出版社
	《火鞋与风鞋》	[德]乌尔苏娜·韦尔芙尔/著；陈俊/译	二十一世纪出版社

（续表）

年龄段	书名	作者/译者	出版社
8—9岁	《幻想家》	[俄]尼古拉·诺索夫/著；韦苇/译	新疆青少年出版社
	《神医杜里特在猴子国》	[美]休·洛夫廷/著；陈伯吹/译	广西师范大学出版社
	《原来如此的故事》	[英]鲁德亚德·吉卜林/著；南方/译	山东文艺出版社
	《织梦人》	[美]洛伊丝·劳里/著；周彩萍/译	晨光出版社
	《借东西的小人》	[英]玛丽·诺顿/著；肖毛/译	译林出版社
	《查理和巧克力工厂》	[英]罗尔德·达尔/著；任溶溶/译	明天出版社
	《黄瓜国王》	[奥地利]克里斯蒂娜·涅斯玲格/著；赵燮生/译	明天出版社
	《比比扬奇遇记》	[保加利亚]埃林·彼林/著；韦苇/译	少年儿童出版社
	《5月35日》	[德]埃里希·凯斯特纳/著；刘冬瑜/译	明天出版社
	人文百科类		
	《小小自然图书馆》	[意]盖娅·沃皮切妮等/文；张懿/译	安徽少年儿童出版社
	《写给孩子的科学启蒙书》	[法]博西耶等/著；龚蕾、齐薇、丁玮/译	广西师范大学出版社
	《我们，我们的历史——给孩子的人类文明历史绘本》	[法]克里斯多夫·伊拉-索梅尔/著；董莹/译	光明日报出版社
	《哲学鸟飞罗系列》	[法]碧姬·拉贝/著；王恬/译	接力出版社
	《我们的身体》	[法]帕斯卡尔·艾德兰/文；荣信文化/编译	未来出版社
	《最美的四季科普》	[法]克雷芒蒂娜·苏黛/编；王伶/译	蓝天出版社

（续表）

年龄段	书名	作者／译者	出版社
8—9岁	《THIS IS米先生的世界旅游绘本》	[捷克]M.萨塞克／编绘；马爱农等／译	安徽少年儿童出版社
	《Math Start数学启蒙》	[美]斯图尔特·J.墨菲／文；谢维玲／译	万卷出版公司
	《大英儿童百科全书》	不列颠百科出品；史明等／译	湖南少年儿童出版社
	《水的旅行》	[瑞士]埃莱奥诺雷·施密德／著；潘斯斯／译	北京科学技术出版社
	《大自然的故事·科学童话绘本系列》	[法]贝尔纳·贝尔塔安／文；董馨阳等／译	印刷工业出版社
	《假如我是一个大人》	[匈牙利]伊娃·杰尼科维斯基／著；魏昕、单定平／译	长江少年儿童出版社
	《我要变成一条鱼——雅克·库斯托的故事》	[美]珍妮弗·伯恩／文；刘勇军／译	漓江出版社
	《小鸟生物钟》	刘先平／著	天天出版社
	《水中的光亮》	付新华／文	连环画出版社
	《地面地下》	邱承宗／著	希望出版社
	《卡尔·爱华尔德童话作品集》	[丹麦]卡尔·爱华尔德／著；王云飞等／译	光明日报出版社
	《追逐潮汐的孩子》	[意]马尔科·马尔瓦尔迪、萨曼莎·布鲁佐内／著；张亦非／译	新星出版社
	《自然》	[英]凯·马奎尔／著；李悦／译	长江少年儿童出版社
	《微生物：看不见的魔术师》	[英]尼古拉·戴维斯／文；陈宏淑／译	明天出版社
	《苹果园的12个月》	[日]松本猛／文；田秀娟／译	连环画出版社
	《登月》	[美]布莱恩·弗洛卡／著；袁玮／译	天津人民出版社
	《北京——中轴线上的城市》	于大武／著	连环画出版社

（续表）

年龄段	书名	作者 / 译者	出版社
8—9岁	《生命：万物不可思议的连接方式》	[美]米莎·布莱斯/著；陈灼/译	江苏凤凰美术出版社
	《人类的衣服》	[法]若埃尔·若利韦/著；马青/译	北京联合出版公司
	文学类		
9—10岁	《当鸭子遇见死神》	[德]沃尔夫·埃布鲁赫/著；陈科慧/译	新蕾出版社
	《妈妈的红沙发》	[美]薇拉·威廉斯/著；柯倩华/译	河北教育出版社
	《三只小猪的真实故事》	[美]乔恩·谢斯卡/文；方素珍/译	河北教育出版社
	《风到哪里去了》	[美]夏洛特·左罗托夫/文；陈丹燕/译	少年儿童出版社
	《石头汤》	[美]琼·穆特/著；阿甲/译	南海出版公司
	《安娜的新大衣》	[美]哈丽雅特·齐费尔特/文；余治莹/译	河北教育出版社
	《吃六顿晚餐的猫》	[英]英格·莫尔/著；黄迺毓/译	河北少年儿童出版社
	《我要大蜥蜴》	[美]凯伦·考芙曼·欧洛夫/文；沙永玲/译	湖北美术出版社
	《爷爷变成了幽灵》	[丹麦]金·弗珀兹·艾克松/文；彭懿/译	湖北美术出版社
	《树真好》	[美]贾尼思·梅·伍德里/文；舒杭丽/译	二十一世纪出版社
	《神奇飞书》	[美]威廉·乔伊斯/著；王林/译	晨光出版社
	《最想做的事》	[美]玛莉·布雷比/文；梅子涵/译	湖北少年儿童出版社
	《不是我的错》	[丹麦]莱夫·克里斯坦森/文；周晶/译	南海出版公司

年龄段	书名	作者 / 译者	出版社
9—10岁	《我是女总统》	[美]莱恩·史密斯/著；肖娜/译	未来出版社
	《邻居》	[法]克洛德·布容/著；匙河/译	北京联合出版公司
	《奶奶来了》	[韩]李惠兰/著；米雅/译	贵州人民出版社
	《林汉达中国历史故事集》	林汉达/著	中国少年儿童出版社
	《我是白痴》	王淑芬/著	二十一世纪出版社
	《我要做好孩子》	黄蓓佳/著	江苏少年儿童出版社
	《宝葫芦的秘密》	张天翼/著	北京师范大学出版社
	《乌丢丢的奇遇》	金波/著	江苏少年儿童出版社
	《夏洛的网》	[美]E.B.怀特/著；任溶溶/译	上海译文出版社
	《雪地寻踪》	[苏联]维·比安基/著；韦苇/译	广西师范大学出版社
	《小狐狸阿权》	[日]新美南吉/著；周龙梅、彭懿/译	广西师范大学出版社
	《总有一天会长大》	[挪威]托摩脱·蒿根/著；裴胜利/译	上海译文出版社
	《小鹿班比》	[奥地利]费利克斯·萨尔登/著；邹绛/译	广西师范大学出版社
	《太阳的诗篇——〈森林报〉故事精选》	[苏联]维·比安基/著；韦苇/译	广西师范大学出版社
	《爱的教育》	[意]埃迪蒙托·德·阿米琪斯/著；王干卿/译	广西师范大学出版社
	《妖怪山》	彭懿/文	连环画出版社
	《一辆自行车》	于大武/著	中国少年儿童出版社
	《黑兔和白兔》	[美]加思·威廉斯/著；彭懿/译	南海出版公司
	《小鲁的池塘》	[美]伊夫·邦廷/文；刘清彦/译	河北教育出版社
	《爷爷的天使》	[德]尤塔·鲍尔/著；高玉菁/译	湖北美术出版社

（续表）

年龄段	书名	作者／译者	出版社
9—10岁	《玩具船去航行》	[美]兰德尔·德·塞弗/文；任溶溶/译	湖北美术出版社
	《如果你想当总统……》	[美]朱蒂丝·圣乔治/著；杨卫东/译	新星出版社
	《那些年，那座城》	李嘉伟/文	连环画出版社
	《巴夭人的孩子》	彭懿/文	明天出版社
	《两个小兵》	[法]奥利维耶·塔莱克/著；浪花朵朵童书/编译	北京联合出版公司
	《水与墨的故事》	李青叶/文	浙江少年儿童出版社
	《自行车蚊子埃贡》	[丹麦]佛莱明·克维斯特·缪勒/著；京不特/译	河北少年儿童出版社
	《没关系，没关系》	[日]伊东宽/著；蒲蒲兰/译	二十一世纪出版社
	《巫婆的孩子》	[英]乌尔苏拉·琼斯/文；方素珍/译	河北教育出版社
	《小保罗》	[法]艾丽斯·布里埃-阿凯/著；魏舒/译	浙江少年儿童出版社
	《你很特别》	[美]陆可铎/著；丘慧文、郭恩惠/译	中央广播电视大学出版社
	《世界上最大的蛋糕》	[韩]安英恩/著；李春晖/译	中信出版集团
	《今天我感觉……》	[葡萄牙]玛德莲娜·莫尼斯/著；青豆童书馆 瓜瓜/译	重庆出版社
	《了不起的罗恩》	午夏/文	安徽少年儿童出版社
	《请不要生气》	[日]楠茂宣/著；金海英/译	北京科学技术出版社
	《向着明亮那方》	[日]金子美铃/著；吴菲/译	新星出版社
	《天鹰翔翔》	李潼/著	福建少年儿童出版社
	《狼图腾：小狼小狼》	姜戎/著	浙江少年儿童出版社
	《黑天鹅紫水晶》	沈石溪/著	少年儿童出版社

（续表）

年龄段	书名	作者/译者	出版社
9—10岁	《天空的美人鱼》	萧萍/著	浙江少年儿童出版社
	《你是我的妹》	彭学军/著	长江少年儿童出版社
	《拯救天才》	王林柏/著	大连出版社
	《小水的除夕》	祁智/著	江苏凤凰少年儿童出版社
	《一诺的家风》	孙卫卫/著	希望出版社
	《布罗镇的邮递员》	郭姜燕/著	少年儿童出版社
	《俄罗斯娃娃的秘密》	程玮/著	二十一世纪出版社
	《烟囱下的孩子》	常新港/著	二十一世纪出版社
	《月轮熊》	[日]椋鸠十/著；奚燕凤、王晶晶/译	二十一世纪出版社
	《当世界年纪还小的时候》	[德]于尔克·舒比格/著；廖云海/译	四川少年儿童出版社
	《狮子、女巫和魔衣柜》	[英]C.S.刘易斯/著；陈良廷、刘文澜/译	译林出版社
	《马列耶夫在学校和家里》	[苏联]尼古拉·诺索夫/著；韦苇/译	新疆青少年出版社
	《欧洲精灵传奇》	[英]伊妮克·费斯许伦/文；邬眉/译	天津教育出版社
	《数星星》	[美]洛伊丝·劳里/著；沪桥/译	河北教育出版社
	《爱哭鬼小隼》	[日]河合隼雄/著；蔡鸣雁/译	浙江人民出版社
	《骑鹅旅行记》	[瑞典]塞尔玛·拉格洛夫/著；杜巧阁/译	中国少年儿童出版社
	《青鸟》	[比利时]乔治特·莱勃伦克、莫里斯·梅特林克/著；李永毅/译	中国少年儿童出版社
	《枫树山的奇迹》	[美]弗吉尼亚·索伦森/著；陈静抒/译	晨光出版社

（续表）

年龄段	书名	作者/译者	出版社
9—10岁	《神奇的收费亭》	[美]诺顿·贾斯特/著；张加楠/译	南海出版公司
	《蓝色的海豚岛》	[美]斯·奥台尔/著；傅定邦/译	新蕾出版社
	《妈妈走了》	[德]克里斯朵夫·海因/著；湘雪/译	二十一世纪出版社
	《淘气包埃米尔》	[瑞典]阿斯特丽德·林格伦/著；李之义/译	中国少年儿童出版社
	《一千零一夜》	郅溥浩/译	作家出版社
	《两个小洛特》	[德]埃里希·凯斯特纳/著；赵燮生/译	明天出版社
	《一百条裙子》	[美]埃莉诺·埃斯特斯/著；袁颖/译	新蕾出版社
	《我为什么讨厌学校》	[新西兰]克里斯·斯坦霍普/著；李新新/译	湖南少年儿童出版社
	《了不起的马文》	[美]爱丽丝·布洛奇/著；周琰/译	二十一世纪出版社
	《夜爸爸》	[瑞典]玛丽娅·格里佩/著；高锋/译	湖南教育出版社
	《马塞林诺·面包和酒》	[西班牙]何塞·玛丽亚·桑切斯-席尔瓦/著；黄子芸/译	湖南教育出版社
	《不想说谎的孩子》	[法]布里吉特·司马贾/著；蔡莲莉/译	湖北少年儿童出版社
	《魔法布丁》	[澳]诺曼·林赛/著；尹婉虹/译	北京联合出版公司
	《无字书图书馆》	[西班牙]霍尔迪·塞拉·依·法布拉/著；李竞阳/译	新蕾出版社
	《弗罗拉与松鼠侠》	[美]凯特·迪卡米洛/著；丁冬/译	新蕾出版社
	《佐贺的超级阿嬷》	[日]岛田洋七/著；陈宝莲/译	南海出版公司

（续表）

年龄段	书名	作者/译者	出版社
9—10岁	《弗勒希小传》	[英]伍尔夫/著；孙文婷/译	二十一世纪出版社
	《牧牛小马斯摩奇》	[美]维尔·詹姆斯/著；周宇芬/译	江苏少年儿童出版社
	《胡桃木小姐》	[美]卡罗琳·舍温·贝利/著；章苏芝/译	浙江少年儿童出版社
	《神秘留言》	[巴西]安娜·玛丽亚·马查多/著；阮丹/译	甘肃少年儿童出版社
	《独一无二的伊凡》	[美]凯瑟琳·艾波盖特/著；柯倩华/译	新蕾出版社
	《动物远征队》	[英]柯林·丹/著；范晓星/译	北京少年儿童出版社
	《罐头里的小孩》	[奥地利]克里斯蒂娜·涅斯特林格/著；任溶溶/译	安徽少年儿童出版社
	《今天我想慢吞吞》	[奥地利]汉斯·雅尼什/著；姚月/译	天天出版社
	《人鸦》	[奥地利]埃迪特·施莱伯尔-维克/著；陈俊/译	二十一世纪出版社
	《孩子们和野鸭子》	[俄]米·普里什文/著；韦苇/译	广西师范大学出版社
	《十岁那年》	[美]赖清河/著；罗玲/译	晨光出版社
	《小茶匙老太太》	[挪威]普廖申/著；任溶溶/译	湖南少年儿童出版社
	《吹小号的天鹅》	[美]E.B.怀特/著；任溶溶/译	上海译文出版社
	《窗边的小豆豆》	[日]黑柳彻子/著；赵玉皎/译	南海出版公司
人文百科类			
	《大自然中的一年》	[英]鲁思·西蒙斯/编著；窦鹏、朱朝选、周欧/译	北京联合出版公司
	《可怕的科学》	[英]尼克·阿诺德等/著；马骏等/译	北京少年儿童出版社
	《科学全知道》	[美]琳达·海沃德、珍妮弗·达斯林等/著；筱舟、魏亚西等/译	晨光出版社

（续表）

年龄段	书名	作者／译者	出版社
9—10岁	《科瓦奇讲植物》《科瓦奇讲动物》《科瓦奇讲天文与地理》	[英]查尔斯·科瓦奇/著；新竹人智学会等/译	贵州教育出版社
	《我家门外的自然课》	[韩]南妍汀等/著；王伟锋、孔祥英/译	中信出版集团
	《加斯东，问个不停的小孩》	[法]马修·德·罗比耶等/著；黄凌霞、肖婷婷/译	天天出版社
	《成为真正的男孩》《成为真正的女孩》	[法]米歇尔·勒库等/著；孙嘉钰、牟进达/译	南海出版公司
	《盘中餐》	于虹呈/著	中国少年儿童出版社
	《地铁开工了》	[日]加古里子/著；肖潇/译	北京科学技术出版社
	《我的自然科学课》	[日]三枝博幸等/著；李奕、祁焱/译	天津人民美术出版社
	《人生第一课：写给孩子的哲学书》	[美]艾唐·伯瑞茨/文；漪然/译	湖南少年儿童出版社
	《我的南极朋友》	王自磐、王玮/文	明天出版社
	《设计之书》	[波兰]艾娃·索拉兹/文；江钰洁/译	清华大学出版社
	《易中天中华经典故事》	易中天/著	上海文艺出版社
	《这叫什么？那是什么？》	[法]阿兰·科科斯/著；魏舒/译	新星出版社
	《铃木守的鸟世界》	[日]铃木守/著；黄帆/译	贵州人民出版社
	《细菌世界历险记》	高士其/著	南京大学出版社
	《我们的土壤妈妈》	高士其/著	南京大学出版社
	《科学家故事100个》	叶永烈/著	长江文艺出版社
	《给孩子的汉字王国》	[瑞典]林西莉/著；李之义/译	中信出版集团
	《我们的祖先》	[法]伊夫·柯本斯/著；许嵩玲/译	电子工业出版社

（续表）

年龄段	书名	作者/译者	出版社
9—10岁	《我的第一套艺术启发绘本》	[意]基娅拉·罗萨尼等/著；杜香丽、马晓希等/译	北京科学技术出版社
	《天气》	[德]布丽塔·泰肯特鲁普/著；任玲玲/译	光明日报出版社
	《实验趣味大百科》	[日]学研教育出版/编著；林岚、林榕/译	浙江少年儿童出版社
	《孩子提问题，大师来回答》	[英]杰玛·埃尔文·哈里斯/编著；杜冰/译	上海社会科学院出版社
10—11岁	文学类		
	《团圆》	余丽琼/文	明天出版社
	《桃花源的故事》	[日]松居直/文；唐亚明/译	二十一世纪出版社
	《活了100万次的猫》	[日]佐野洋子/著；唐亚明/译	接力出版社
	《铁丝网上的小花》	[意]克里斯托夫·格莱兹、罗伯特·英诺森提/著；代维/译	明天出版社
	《极地特快》	[美]克里斯·范·奥尔斯伯格/著；杨玲玲、彭懿/译	新星出版社
	《雪花人》	[美]杰奎琳·布里格斯·马丁/文；柯倩华/译	河北教育出版社
	《园丁》	[美]萨拉·斯图尔特/文；馨月/译	河北教育出版社
	《公园里的声音》	[英]安东尼·布朗/著；宋珮/译	河北教育出版社
	《西游记》	吴承恩/著	广西师范大学出版社
	《三国演义》	罗贯中/著	广西师范大学出版社
	《城南旧事》	林海音/著	湖北少年儿童出版社
	《呼兰河传》	萧红/著	中国青年出版社
	《我的妈妈是精灵》	陈丹燕/著	福建少年儿童出版社

（续表）

年龄段	书名	作者/译者	出版社
10—11岁	《周末与米兰聊天：赛里斯的传说》	程玮/著	南京大学出版社
	《腰门》	彭学军/著	中国少年儿童出版社
	《丛林之书》	[英]吉卜林/著；文美惠、任吉生/译	广西师范大学出版社
	《五个孩子和一个怪物》	[英]内斯比特/著；任溶溶/译	广西师范大学出版社
	《柳林风声》	[英]肯尼斯·格雷厄姆/著；杨静远/译	广西师范大学出版社
	《战马》	[英]迈克尔·莫波格/著；李晋/译	南海出版公司
	《彼得·潘》	[英]詹姆斯·巴里/著；杨静远/译	广西师范大学出版社
	《春神跳舞的森林》	严淑女/文	河北教育出版社
	《从百草园到三味书屋》	鲁迅/文	连环画出版社
	《獾的礼物》	[英]苏珊·华莱/著；杨玲玲、彭懿/译	明天出版社
	《世界为谁存在？》	[英]汤姆·波尔/文；刘清彦/译	湖北少年儿童出版社
	《再见，小兔子》	[瑞士]约克·史坦纳/著；王星/译	新星出版社
	《手套树》	[加]雅克·歌斯丁/著；梅思繁/译	浙江少年儿童出版社
	《花婆婆》	[美]芭芭拉·库尼/著；方素珍/译	河北教育出版社
	《市场街最后一站》	[美]马特·德拉培尼亚/著；方素珍/译	中信出版集团
	《暴风雨中的孩子》	[美]夏洛特·佐罗托/著；周琰/译	浙江少年儿童出版社
	《大熊和钢琴》	[英]大卫·利奇菲尔德/著；范晓星/译	郑州大学出版社

（续表）

年龄段	书名	作者/译者	出版社
10—11岁	《一个孩子的诗园》	[英]罗伯特·路易斯·史蒂文森/著；漪然/译	湖北美术出版社
	《奔跑的女孩》	彭学军/著	二十一世纪出版社
	《余宝的世界》	黄蓓佳/著	江苏少年儿童出版社
	《蝉为谁鸣》	张之路/著	广西师范大学出版社
	《男生贾里》《女生贾梅》	秦文君/著	作家出版社
	《九月的冰河》	薛涛/著	新蕾出版社
	《铁角》	牧铃/著	中国少年儿童出版社
	《鲁冰花》	钟肇政/著	福建少年儿童出版社
	《烙子的时光书》	陆梅/著	广西师范大学出版社
	《女儿的故事》	梅子涵/著	江苏少年儿童出版社
	《将军胡同》	史雷/著	天天出版社
	《我们之间》	韩青辰/著	长江少年儿童出版社
	《黄花梨棋盘》	邹凡凡/著	浙江少年儿童出版社
	《白鹿》	刘虎/著	中国少年儿童出版社
	《水边的故乡》	曹文芳/著	北京少年儿童出版社
	《小小孩的春天》	孙卫卫/著	长江少年儿童出版社
	《水獭男孩》	小河丁丁/著	江苏少年儿童出版社
	《阿莲》	汤素兰/著	湖南少年儿童出版社
	《坏男孩彭罗德》	[美]布思·塔金顿/著；马爱新/译	人民文学出版社
	《我的外婆芭比》	[美]阿兰卡·西格尔/著；陈静抒/译	二十一世纪出版社
	《马提与祖父》	[意]罗伯托·普密尼/著；张莉莉/译	新蕾出版社

（续表）

年龄段	书名	作者 / 译者	出版社
10—11岁	《天使雕像》	[美]E.L.柯尼斯伯格/著；郑清荣/译	新蕾出版社
	《水仙月四日》	[日]宫泽贤治/著；周龙梅/译	湖南少年儿童出版社
	《佛兰德斯的狗》	[英]奥维达/著；王家湘/译	北京十月文艺出版社
	《天蓝色的彼岸》	[英]艾利克斯·希尔/著；张雪松/译	新世界出版社
	《光草——一个墙上的异想世界》	[意]罗伯托·普密尼/著；倪安宇/译	新蕾出版社
	《海蒂》	[瑞士]约翰娜·施皮里/著；孙晓峰/译	中国少年儿童出版社
	《鲸鱼归来》	[英]迈克尔·莫尔普戈/著；谈凤霞/译	江苏少年儿童出版社
	《卡夫卡和旅行娃娃》	[西班牙]霍尔迪·塞拉·依·法布拉/著；王猛/译	新蕾出版社
	《假如给我三天光明》	[美]海伦·凯勒/著；常文祺/译	中国画报出版社
	《长腿叔叔》	[美]简·韦伯斯特/著；刘超/译	中国妇女出版社
	《云母谷的童妮娅》	[挪威]玛丽亚·帕尔/著；李菁菁/译	湖南少年儿童出版社
	《希腊神话故事》	[德]古斯塔夫·施瓦布/著；李玲、叶宁/译	浙江少年儿童出版社
	《金银岛》	[英]罗伯特·路易斯·斯蒂文森/著；何野/译	湖南文艺出版社
	《风之王》	[美]玛格莉特·亨利/著；赵永芬/译	新蕾出版社
	《作文里的奇案》	[法]伊夫·格勒韦/著；李楹/译	晨光出版社
	《铁路边的孩子们》	[英]伊迪丝·内斯比特/著；任溶溶/译	上海译文出版社
	《风儿不要来》	[美]凯伦·海瑟/著；廖佳华/译	漓江出版社

（续表）

年龄段	书名	作者／译者	出版社
10—11岁	《周末图书馆》	[美]加里·施密特/著；王良秀/译	南海出版公司
	《红色羊齿草的故乡》	[美]威尔逊·罗尔斯/著；侯杰/译	南海出版公司
	《怪兽山》	[美]娜塔莉·巴比特/著；魏莉/译	二十一世纪出版社
	《小书房之玻璃孔雀》	[英]依列娜·法吉恩/著；马爱农/译	安徽少年儿童出版社
	《我成为了哥哥》	[法]布里吉特·贝斯奇勒/著；蔡莲莉/译	湖北少年儿童出版社
	《音乐教师和音乐神童》	[法]亚埃勒·哈森/著；沈珂/译	湖南少年儿童出版社
	《芒果街上的小屋》	[美]桑德拉·希斯内罗丝/著；潘帕/译	译林出版社
	《居里夫人的故事》	[英]埃列娜·杜尔利/著；二粟/译	江苏少年儿童出版社
	《达尼尔在行动》	[奥地利]克里斯蒂娜·涅斯玲格/著；韦苇/译	湖南少年儿童出版社
	《想赢的男孩》	[美]杰里·斯皮内利/著；麦倩宜/译	晨光出版社
	《当你到达我》	[美]丽贝卡·斯戴德/著；陈平、吕越平/译	北京科学技术出版社
	《校舍上的车轮》	[美]迈·狄扬/著；潘辛、吴焱煌/译	辽宁少年儿童出版社
	《乐琦的神奇力量》	[美]苏珊·帕特隆/著；张尚/译	南海出版公司
	《奇迹》	[美]R.J.帕拉西奥/著；雷淑容、易承楠/译	上海文艺出版社
	《星期三的战争》	[美]加里·施密特/著；高雪莲/译	南海出版公司

（续表）

年龄段	书名	作者/译者	出版社
	《海底两万里》	[法]儒勒·凡尔纳/著；赵克非/译	人民文学出版社
	《特别的女生萨哈拉》	[美]爱斯米·科德尔/著；海绵/译	陕西师范大学出版社
	人文百科类		
	《穿越时空》	[英]尼古拉斯·哈里斯等/著；吕竞男等/译	北京科学技术出版社
	《我的第一本古典音乐启蒙书》	[英]吉纳维芙·赫斯比/著；张晨辰/译	北京科学技术出版社
	《我的课外观察日记》	[韩]朴在喆等/著绘；秦晓静/译	北京联合出版公司
	《101个神奇的实验》	[德]安提亚·赛安、艾克·冯格/著；谢霜/译	长江少年儿童出版社
	《最美的科普·四季时钟系列》	[德]英姆迦德·鲁特等/著；顾白/译	江苏少年儿童出版社
10—11岁	《餐桌上的礼节》	[日]高野纪子/著；鲁宁/译	天津教育出版社
	《两根弦的小提琴》	程玮/著	江苏少年儿童出版社
	《这就是二十四节气》	高春香、邵敏/文	海豚出版社
	《身边的科学》	[日]小石新八/主编；张羽佳/译	中国水利水电出版社
	《诺贝尔奖获得者与儿童对话》	[德]贝蒂娜·施蒂克尔/编；张荣昌/译	生活·读书·新知三联书店
	《儿童哲学智慧书》	[法]奥斯卡·柏尼菲/文；李玮等/译	接力出版社
	《奇妙的自然系列》	[法]菲利普·马尔彻内等/著；赵然/译	现代出版社
	《墙书·地球通史》	[英]克里斯托弗·劳埃德、帕特里克·斯基普沃斯/文；空桐、李彦青/译	江苏凤凰少年儿童出版社

（续表）

年龄段	书名	作者/译者	出版社
10—11岁	《奇妙的数王国》	李毓佩/著	中国少年儿童出版社
	《地图》	[波兰]亚历山德拉·米热林斯卡、丹尼尔·米热林斯基/著；冯婷/译	贵州人民出版社
	《超级科学家》	[意]费德里克·塔蒂亚、马里奥·托奇、玛格丽特·哈克等/著；潘源文等/译	浙江文艺出版社
	《让孩子着迷的77×2个经典科学游戏》	[日]后藤道夫/著；施雯黛、王蕴洁/译	天津教育出版社
	《走进奇妙的几何世界》	[英]格里·贝利、费利西娅·劳/著；李耘/译	浙江教育出版社
	《我的第一本地理启蒙书》	郑利强/著	新世界出版社
	《地球小孩的天气书》	黄卫/著	上海译文出版社
	《我们生活的这个世界》	[日]加古里子/著；丁虹/译	新星出版社
	《看得见的文明史》	[英]菲奥纳·麦克唐纳等/文；刘勇军、爱乐娃/译	知识出版社
	《星际信使》	[美]彼得·西斯/著；舒杭丽/译	二十一世纪出版社
	《中国传世名画》	黄荣川/主编	化学工业出版社
	《中国历史地图绘本》	《中国历史地图绘本》编委会/编绘	中国大百科全书出版社
	《大自然旅行家系列》	[美]霍林·克兰西·霍林/著；周莉/译	天天出版社
	《星空》	[日]关口修/著；金海英/译	北京科学技术出版社
	《美妙的星空》	[美]迈克尔·德林斯科尔/著；崔石竹、寇文/译	科学普及出版社
	《星座，我们一起去发现》	[美]H.A.雷/著；尹楠/译	南海出版公司
	《加古里子星空绘本》	[日]加古里子/著；姜微/译	北京科学技术出版社

（续表）

年龄段	书名	作者/译者	出版社
	文学类		
11—12岁	《麻雀》	梅子涵/文	接力出版社
	《森林大熊》	[瑞士]约克·史坦纳/著；孔杰/译	新星出版社
	《黎明开始的地方》	[美]道格拉斯·伍德/文；王芳/译	浙江少年儿童出版社
	《喀伦坡之狼》	[英]威廉·格利尔/著；周颖琪/译	长江少年儿童出版社
	《开往远方的列车》	[美]伊夫·邦廷/文；刘清彦/译	河北教育出版社
	《奥菲利娅的影子剧院》	[德]米切尔·恩德/文；何珊/译	二十一世纪出版社
	《失落的一角》	[美]谢尔·希尔弗斯坦/著；陈明俊/译	南海出版公司
	《风需要休息》	[加]谢尔顿·欧伯曼/文；周丹/译	河北少年儿童出版社
	《草房子》	曹文轩/著	江苏少年儿童出版社
	《爱海的孩子》	林良/著	福建少年儿童出版社
	《孔子的故事》	李长之/著	二十一纪出版社
	《诸神的踪迹》	申赋渔/著	新星出版社
	《驯鹿六季》	格日勒其木格·黑鹤/著	明天出版社
	《西顿动物故事》	[加]E.T.西顿/著；蒲隆等/译	广西师范大学出版社
	《毛毛》	[德]米切尔·恩德/著；李士勋/译	二十一世纪出版社
	《小王子》	[法]安东尼·德·圣艾克修佩利/著；程玮/译	广西师范大学出版社
	《爱丽丝漫游奇境》	[英]刘易斯·卡罗尔/著；王永年/译	广西师范大学出版社
	《鲁宾逊漂流记》	[英]丹尼尔·笛福/著；唐荫苏/译	中央编译出版社

（续表）

年龄段	书名	作者/译者	出版社
11—12岁	《鸟儿街上的岛屿》	[以色列]尤里·奥莱夫/著；路文彬/译	安徽少年儿童出版社
	《地球的故事》	[美]房龙/著；陈瘦石、胡澍咸/译	浙江文艺出版社
	《花木兰》	北朝民歌	明天出版社
	《山溪唱歌》	彭懿/著	接力出版社
	《如果我是一本书》	[葡萄牙]何塞·雷迪亚/著；彭力/译	浙江少年儿童出版社
	《生命的故事》	[美]维吉尼亚·李·伯顿/著；刘宇清/译	二十一世纪出版社
	《西雅图酋长的宣言》	[美]西雅图酋长/文；柯倩华/译	河北教育出版社
	《鳄鱼爱上长颈鹿》	[德]达妮拉·库洛特/著；方素珍/译	少年儿童出版社
	《外公的旅程》	[美]艾伦·塞伊/著；匡咏梅/译	新星出版社
	《植树的男人》	[法]让·乔诺/文；武娟/译	二十一世纪出版社
	《我掉进了吸尘器》	[加]梅兰妮·瓦特/著；中青文/译	中国青年出版社
	《弗朗索瓦与消失的时间》	[法]克里斯蒂娜·诺曼－韦勒曼/著；徐素霞/译	新蕾出版社
	《给孩子的诗》	北岛/选编	中信出版集团
	《野芒坡》	殷健灵/著	天天出版社
	《少女的红发卡》	程玮/著	江苏人民出版社
	《影之翼》	童喜喜/著	中国少年儿童出版社
	《光阴：中国人的节气》	申赋渔/著	江苏美术出版社
	《蓝调江南》	金曾豪/著	古吴轩出版社
	《我们小时候：苏北少年"堂吉诃德"》	毕飞宇/著	人民文学出版社

（续表）

年龄段	书名	作者/译者	出版社
11—12岁	《狼獾河》	格日勒其木格·黑鹤/著	接力出版社
	《念书的孩子》	孟宪明/著	海燕出版社
	《汉字奇兵》	张之路/著	新蕾出版社
	《梦想是生命里的光》	舒辉波/著	少年儿童出版社
	《诺福镇的奇幻夏天》	[美]杰克·甘托斯/著；任溶溶、任荣康/译	新蕾出版社
	《地海巫师》	[美]厄休拉·勒古恩/著；蔡美玲/译	江苏文艺出版社
	《听见颜色的女孩》	[美]莎朗·德蕾珀/著；卢宁/译	接力出版社
	《菲利猫的世界》	[瑞士]汉娜·约翰森/文；徐洁/译	漓江出版社
	《出卖笑的孩子》	[德]詹姆斯·克吕斯/著；李墉灿/译	明天出版社
	《汤姆的午夜花园》	[英]菲莉帕·皮尔斯/著；马爱农/译	人民文学出版社
	《魔戒》	[英]J.R.R.托尔金/著；邓嘉宛、石中歌、杜蕴慈/译	上海人民出版社
	《快乐王子》	[英]王尔德/著；巴金/译	上海译文出版社
	《北风的背后》	[英]乔治·麦克唐纳/著；李聆/译	少年儿童出版社
	《通往特雷比西亚的桥》	[美]凯瑟琳·佩特森/著；陈静抒/译	新蕾出版社
	《我亲爱的甜橙树》	[巴西]若泽·毛罗·德瓦斯康塞洛斯/著；蔚玲/译	人民文学出版社
	《动物庄园》	[英]乔治·奥威尔/著；隗静秋/译	译林出版社
	《灵力》	[美]英格丽德·劳/著；徐海幧/译	南海出版公司

（续表）

年龄段	书名	作者／译者	出版社
11—12岁	《大草原上的小木屋》	[美]劳拉·英格斯·维尔德／著；马爱农／译	中国少年儿童出版社
	《格列佛游记》	[英]乔纳森·斯威夫特／著；刘春芳／译	人民文学出版社
	《永远讲不完的故事》	[德]米切尔·恩德／著；李士勋／译	二十一世纪出版社
	《黑骏马》	[英]安娜·西韦尔／著；马爱农／译	人民文学出版社
	《碟形世界：猫和少年魔笛手》	[英]特里·普拉切特／著；周莉／译	文汇出版社
	《牧羊少年奇幻之旅》	[巴西]保罗·柯艾略／著；丁文林／译	南海出版公司
	《记忆传授人》	[美]洛伊丝·劳里／著；郑荣珍／译	河北教育出版社
	《少年小树之歌》	[美]佛瑞斯特·卡特／著；姚宏昌／译	浙江文艺出版社
	《黛西之歌》	[美]辛西娅·沃格／著；周照宇／译	浙江少年儿童出版社
	《秘密花园》	[美]弗朗西丝·霍奇森·伯内特／著；李文俊／译	北京联合出版公司
	《帕瓦娜的守候》	[加]黛博拉·艾里斯／著；黄静雅／译	光明日报出版社
	《绿山墙的安妮》	[加]露西·莫德·蒙哥马利著；姚锦镕／译	中国画报出版社
	《汤姆·索耶历险记》	[美]马克·吐温／著；徐朴／译	浙江文艺出版社
	《"月光号"的沉没》	[美]保拉·福克斯／著；刘代发／译	甘肃少年儿童出版社
	《万花筒》	[英]依列娜·法吉恩／著；马爱农／译	安徽少年儿童出版社

（续表）

年龄段	书名	作者/译者	出版社
	《我是跑马场老板》	[澳]帕特里夏·赖特森/著；丁浣/译	甘肃少年儿童出版社
	《国王的五分之一》	[美]斯科特·奥德尔/著；侯杰/译	南海出版公司
	《野性的呼唤》	[美]杰克·伦敦/著；孙法理/译	译林出版社
	《小银和我》	[西班牙]胡安·拉蒙·希梅内斯/著；陈实/译	花城出版社
	《安德的游戏》	[美]奥森·斯科特·卡德/著；李毅/译	广西科学技术出版社
	《胡萝卜须》	[法]儒勒·列那尔/著；徐知免/译	江苏文艺出版社
	《哈利·波特》	[英]J.K.罗琳/著；马爱新等/译	人民文学出版社
	《不老泉》	[美]娜塔莉·巴比特/著；吕明/译	二十一世纪出版社
11—12岁	《风的旱冰鞋》	[日]安房直子/著；彭懿/译	接力出版社
	《苏菲的世界》	[挪威]乔斯坦·贾德/著；萧宝森/译	作家出版社
	《小鸭》	[意]葆拉·马斯特罗科拉/著；赵文伟/译	中国少年儿童出版社
	《碎瓷片》	[美]琳达·休·帕克/著；陈蕙慧/译	河北教育出版社
	《老牧场》	[美]乔治·塞尔登/著；郑岩/译	二十一世纪出版社
	《那年深夏》	[美]史蒂夫·克卢格/著；陈宗琛/译	晨光出版社
	《狼群中的朱莉》	[美]珍·克雷赫德·乔治/著；吴飞/译	光明日报出版社
	《时间的皱折》	[美]马德琳·英格/著；黄聿君/译	文汇出版社

（续表）

年龄段	书名	作者/译者	出版社
	人文百科类		
11—12岁	《纸牌的秘密》	[挪威]乔斯坦·贾德/著；李永平/译	作家出版社
	《少年音乐和美术故事》	丰子恺/著	二十一世纪出版社
	《我的第一本艺术启蒙书》	[法]贝亚特丽斯·丰塔内尔/著；李钰/译	广西师范大学出版社
	《写给孩子的哲学启蒙书》	[法]碧姬·拉贝、米歇尔·毕奇/著；潘林等/译	广西师范大学出版社
	《小牛顿科学馆》	台湾牛顿出版股份有限公司/编著	接力出版社
	《万物简史》（少儿彩绘版）	[英]比尔·布莱森/著；严维明/译	接力出版社
	《地下·水下》	[波兰]亚历山德拉·米热林斯卡、丹尼尔·米热林斯基/著；乌兰/译	贵州人民出版社
	《我会生存——写给孩子的生存随身手册》《我会探险——写给孩子的探险随身手册》	[英]贾斯汀·迈尔斯、马歇尔出版社童书编委会/著；陈芳芳/译	广西师范大学出版社
	《写给儿童的中国历史》	陈卫平/著	新世界出版社
	《数理化通俗演义》	梁衡/著	北京联合出版公司
	《时间线》	[比利时]彼得·胡斯/著；[荷兰]魏蔻蔻/译	中信出版集团
	《环球旅行》	[法]费朗索瓦·迈克尔/著；荣信文化/编译	未来出版社
	《妈妈，钱是什么》	[英]格里·贝利/著；陈薇薇/译	贵州教育出版社
	《我们的祖先》	朱洗/著	新星出版社
	《写给小学生看的相对论》	[日]福江纯/著；李秀芬、肖潇/译	北京科学技术出版社

（续表）

年龄段	书名	作者/译者	出版社
11—12岁	《万物运转的秘密》	[英]大卫·麦考利、尼尔·阿德利/著；赵耀康、韦坤华/译	电子工业出版社
	《希利尔讲世界史》《希利尔讲世界地理》《希利尔讲艺术史》	[美]希利尔/著；陈继华等/译	贵州教育出版社
	《迷人的材料》	[英]马克·米奥多尼克/著；赖盈满/译	北京联合出版公司
	《给孩子的趣味职业书》	[法]苏菲·伯帝、娜丁·穆谢/编著；李颖/译	接力出版社
	《时节之美：朱爱朝给孩子讲二十四节气》	朱爱朝/著	百花文艺出版社
	《世界顶尖科学家答儿童问》	[德]乌利希·扬森、乌拉·施托伊纳格尔/编；王萍、万迎朗/译	朝华出版社
	《博物馆里的中国》	宋新潮、潘守永/主编	新蕾出版社
	《少儿哲学丛书》	[法]米歇尔·皮克马尔/著；谢逢蓓等/译	新星出版社
	《少年时新知大讲堂》	小多（北京）文化传媒有限公司/编著	天地出版社
	《耶鲁科学小历史》	[英]威廉·拜纳姆/著；高环宇/译	中信出版集团
	《欧美中小学通识启蒙读本》	[美]亨德里克·威廉·房龙等/著；王乐等/译	天津人民出版社
	《极地重生——沙克尔顿南极史诗之旅》	[英]威廉·格利尔/著；邓逗逗/译	长江少年儿童出版社
	《河流》	[法]奥莱丽娅·古拉缇/著；张姝雨/译	电子工业出版社
	《贪玩的人类：写给孩子的科学史》	老多/著	湖南少年儿童出版社
	《DADA全球艺术启蒙系列》	[法]克里斯蒂安·诺比亚尔、安东尼·乌尔曼/编；欧瑜/译	中信出版集团

中国小学生分级阅读书目（亲近母语研究院研制）

年级	书目类型	书目	作者/译者	出版社
		图画书书目		
一年级	课程书目	《大卫上学去》	[美]大卫·香农/著；余治莹/译	河北教育出版社
		《好消息，坏消息》	[美]杰夫·麦克/著；李岑/译	江苏凤凰文艺出版社
		《猜猜我有多爱你》	[爱尔兰]山姆·麦克布雷尼/文；梅子涵/译	明天出版社
		《月亮，生日快乐》	[美]法兰克·艾许/著；高明美/译	明天出版社
		《蚯蚓的日记》	[美]朵琳·克罗宁/文；陈宏淑/译	明天出版社
		《下雪天》	[美]艾兹拉·杰克·季兹/著；上谊编辑部/译	明天出版社
		《一寸虫》	[美]李欧·李奥尼/著；杨茂秀/译	明天出版社
		《雪人》	[英]雷蒙·布力格/著；王星/译	明天出版社
		《月亮的味道》	[波兰]麦克·格雷涅茨/著；漪然、彭懿/译	二十一世纪出版社
		《乐器的秘密》	[日]五味太郎/著；王煜婷/译	江苏少年儿童出版社
		《蚂蚁和西瓜》	[日]田村茂/文；蒲蒲兰/译	二十一世纪出版社
		《棉被山隧道》	[日]那须正干/文；彭懿、周龙梅/译	二十一世纪出版社
		《彩虹色的花》	[波兰]麦克·格雷涅茨/原作；[日]细野绫子/文；蒲蒲兰/译	二十一世纪出版社
		《小步走路》	[英]赛门·詹姆斯/文；周逸芬/译	湖北少年儿童出版社
		《一口袋的吻》	[英]安杰拉·迈克奥里斯特/文；漆仰平/译	贵州人民出版社
		《想吃苹果的鼠小弟》	[日]中江嘉男/文；赵静、文纪子/译	南海出版公司

（续表）

年级	书目类型	书目	作者/译者	出版社
一年级	课程书目	《阿文的小毯子》	[美]凯文·亨克斯/著；方素珍/译	河北教育出版社
		《奥莉薇》	[美]伊恩·福尔克纳/著；郝广才/译	河北教育出版社
		《小蛇散步》	[日]伊东宽/著；田霞/译	南海出版公司
		《神奇糖果店》	[日]宫西达也/著；朱自强/译	河北教育出版社
		《沙发底下藏着什么》	[英]玛格丽特·马伊/文；马烁雅/译	湖北美术出版社
		《有个性的羊》	[德]达尼拉·楚德岑思克/文；王星/译	湖北美术出版社
		《威廉先生的圣诞树》	[美]罗伯特·巴瑞/著；翌平/译	湖北美术出版社
		《古利和古拉》	[日]中川李枝子/文；季颖/译	南海出版公司
		《艾薇的礼物》	[澳]芙蕾雅·布雷克伍德/著；林昕/译	湖北少年儿童出版社
		《城市老鼠和乡下老鼠》	[英]贝妮黛·华兹/著；刘海颖/译	湖北少年儿童出版社
		《有个老婆婆吞了一只苍蝇》	[美]西姆斯·塔贝克/著；杨鹏/译	南海出版公司
		《我绝对绝对不吃番茄》	[英]罗伦·乔尔德/著；冯臻/译	接力出版社
		《一园青菜成了精》	编自北方童谣	明天出版社
		《老鼠娶新娘》	张玲玲/文	二十一世纪出版社
		《跑跑镇》	亚东/文	明天出版社
		《西西》	萧袤/文	海燕出版社
	整本书书目			
		《青蛙和蟾蜍》	[美]艾诺·洛贝尔/著；潘人木、党英台/译	明天出版社
		《笨狼的故事》	汤素兰/著	浙江少年儿童出版社

（续表）

年级	书目类型	书目	作者／译者	出版社
一年级	课程书目	《我和小姐姐克拉拉》	[德]迪米特尔·茵可夫／著；程玮／译	二十一世纪出版社集团
		《君伟上小学：1年级鲜事多》	王淑芬／著	浙江少年儿童出版社
	自主阅读书目	**整本书书目**		
		《正月正》	山曼／编著	贵州人民出版社
		《小猪唏哩呼噜》	孙幼军／著	春风文艺出版社
		《狐狸的钱袋》	赖晓珍／著	青岛出版社
		《没头脑和不高兴》	任溶溶／著	浙江少年儿童出版社
		《教室里的海盗》	[法]克里斯蒂娜·帕吕伊／文；周国强／译	广州出版社
		《狐狸福斯和兔子哈斯：一个蛋的来历》	[比利时]赛尔菲亚·范登·海德／文；张广睿／译	贵州人民出版社
		《大象巴巴故事全集》	[法]让·德·布吕诺夫／著；穆紫／译	北方妇女儿童出版社
		《彼得兔经典故事集1：小兔彼得》	[英]比阿特丽克斯·波特／著；吴青、陈恕／译	天天出版社
		《兔子坡》	[美]罗伯特·罗素／著；陈诗纮／译	新蕾出版社
		《云朵工厂》	[西班牙]霍尔迪·塞拉·依·法布拉／文；李竞阳／译	新蕾出版社
		《属鼠蓝和属鼠灰：我们是属鼠班》	朱自强、左伟／文	明天出版社
		《小熊帕丁顿系列·蒸发魔法》	[英]迈克尔·邦德／著；谢芳群／译	接力出版社
		《劳拉的星星：开学第一天》	[德]克劳斯·鲍姆加特／著；许婷／译	中国少年儿童出版社
		《丁丁历险记》	[比利时]埃尔热／编绘；王炳东／译	中国少年儿童出版社

（续表）

年级	书目类型	书目	作者/译者	出版社
一年级	自主阅读书目	人文百科书目		
		《第一次发现丛书：走进森林》	法国伽利玛少儿出版社/编；全慧/译	接力出版社
		《十个人快乐大搬家》	[日]安野光雅/著；艾茗/译	九州出版社
		《我身边的大自然》	[日]五味太郎、伊势英子等/著；田秀娟、李奕、丁虹/译	新星出版社
		《身体大发现》	[日]La Zoo/著；朱燕翔/译	河北教育出版社
		《很特别的音乐故事·音乐与数学》	[韩]马仲物/著；夏艳/译	长春出版社
二年级	课程书目	图画书书目		
		《逃家小兔》	[美]玛格丽特·怀兹·布朗/文；黄迺毓/译	明天出版社
		《迟到大王》	[英]约翰·柏林罕/著；党英台/译	明天出版社
		《我是霸王龙》	[日]宫西达也/著；杨文/译	二十一世纪出版社
		《朱家故事》	[英]安东尼·布朗/著；柯倩华/译	河北教育出版社
		《小黑鱼》	[美]李欧·李奥尼/著；彭懿/译	南海出版公司
		《疯狂星期二》	[美]大卫·威斯纳/著	河北教育出版社
		《让路给小鸭子》	[美]罗伯特·麦克洛斯基/著；柯倩华/译	河北教育出版社
		《打瞌睡的房子》	[美]奥黛莉·伍德/文；柯倩华/译	明天出版社
		《生气汤》	[美]贝西·艾芙瑞/著；柯倩华/译	明天出版社
		《老鼠牙医生》	[美]威廉·史塔克/著；任溶溶/译	二十一世纪出版社
		《遮月亮的人》	[法]埃里克·皮巴雷/著；戴磊/译	北京科学技术出版社
		《手套》	[俄]叶夫格尼·M.拉乔夫/编绘；任溶溶/译	二十一世纪出版社

（续表）

年级	书目类型	书目	作者/译者	出版社
二年级	课程书目	《克里克塔》	[法]汤米·温格尔/著；蒲蒲兰/译	二十一世纪出版社
		《逛了一圈》	[美]安·乔纳斯/著；潘人木/译	河北教育出版社
		《先左脚，再右脚》	[美]汤米·狄波拉/著；柯倩华/译	河北教育出版社
		《鸭子骑车记》	[美]大卫·香农/著；彭懿/译	南海出版公司
		《方格子老虎》	[俄]安德雷·乌萨切夫/文；裴蛮/译	上海人民美术出版社
		《七只瞎老鼠》	[美]杨志成/著；王林/译	河北教育出版社
		《大脚丫跳芭蕾》	[美]埃米·扬/著；柯倩华/译	河北教育出版社
		《谁要一只便宜的犀牛》	[美]谢尔·希尔弗斯坦/著；任溶溶/译	南海出版公司
		《母鸡的旅行》	[澳]安娜·沃克/著；了了/译	长江少年儿童出版社
		《讨厌黑夜的席奶奶》	[美]凯利·杜兰·瑞安/文；林良/译	河北教育出版社
		《第一次上街买东西》	[日]筒井赖子/文；彭懿/译	新星出版社
		《好脏的哈利》	[美]吉恩·蔡恩/文；任溶溶/译	新星出版社
		《阿秋和阿狐》	[日]林明子/著；彭懿/译	南海出版公司
		《这不是我的帽子》	[美]乔恩·克拉森/著；杨玲玲、彭懿/译	明天出版社
		《我讨厌书》	[加]玛秋莎·帕基/文；萧晶/译	上海人民美术出版社
		《好奇的乔治和黄帽子》	[德]H.A.雷/著；崔维燕/译	二十一世纪出版社
		《我有友情要出租》	方素珍/著	新疆青少年出版社
		《小鱼散步》	陈致元/著	明天出版社
		《灶王爷》	熊亮/著	明天出版社
		《老轮胎》	贾为/文	江苏凤凰少年儿童出版社

（续表）

年级	书目类型	书目	作者 / 译者	出版社
二年级	课程书目	整本书书目		
		《戴小桥和他的哥们儿·特务足球赛》	梅子涵/著	新蕾出版社
		《小熊温尼·菩》	[英]艾伦·亚历山大·米尔恩/著；文培红/译	湖南少年儿童出版社
		《了不起的狐狸爸爸》	[英]罗尔德·达尔/著；代维/译	明天出版社
		《豆蔻镇的居民和强盗》	[挪威]托比扬·埃格纳/著；叶君健/译	湖南少年儿童出版社
		《一年级大个子二年级小个子》	[日]古田足日/著；彭懿/译	接力出版社
		《弗朗兹的故事》	[奥地利]克里斯蒂娜·纽斯特林格尔/著；陈俊/译	二十一世纪出版社
		《木偶奇遇记》	[意]卡洛·科洛迪/著；任溶溶/译	人民文学出版社
		《神笔马良》	洪汛涛/文	湖北少年儿童出版社
	自主阅读书目	整本书书目		
		《蝴蝶·豌豆花——中国经典童诗》	金波/诗歌主编；蔡皋/绘画主编	河北教育出版社
		《阿笨猫开书店》	冰波/著	中国少年儿童出版社
		《中国老故事》	亲近母语研究院/编著	广西师范大学出版社
		《家有狗客》	[苏联]尼·诺索夫等/著；韦苇/译	海燕出版社
		《玩具历险记》	[美]艾米莉·杰肯斯/文；赵霞/译	贵州人民出版社
		《罗宾汉》	[美]约瑟夫·沃克·麦克斯巴顿/编著；司南/译	江苏少年儿童出版社
		《跑猪噜噜》	[德]乌韦·狄姆/著；陈俊/译	二十一世纪出版社
		《晴天有时下猪》	[日]矢玉四郎/著；彭懿/译	二十一世纪出版社
		《索尼娅的小秘密》	[法]卡特琳·德·拉扎/文；周国强/译	广州出版社

年级	书目类型	书目	作者/译者	出版社
二年级	自主阅读书目	《吻之书》	[西班牙]阿尔弗雷多·戈梅斯·塞尔达/著；王猛/译	新蕾出版社
		人文百科书目		
		《来喝水吧》	[澳]葛瑞米·贝斯/著；影子/译	长江少年儿童出版社
		《自然图鉴》	[日]松冈达英/编；黄帆/译	贵州人民出版社
		《河川》	[日]加古里子/著；季颖/译	新星出版社
		《美术馆里遇到的数学》	[韩]马仲物/著；李春晖/译	长春出版社
		《三只小猪》	[日]森毅/著；艾茗/译	九州出版社
三年级	课程书目	图画书书目		
		《三个强盗》	[法]汤米·温格尔/著；张剑鸣/译	明天出版社
		《野兽国》	[美]莫里斯·桑达克/著；宋珮/译	贵州人民出版社
		《爷爷一定有办法》	[加]菲比·吉尔曼/著；宋珮/译	明天出版社
		《三只小猪》	[美]大卫·威斯纳/著；彭懿/译	河北少年儿童出版社
		《夜色下的小屋》	[美]苏珊·玛丽·斯万森/著；赵可/译	新星出版社
		《妈妈你好吗？》	[日]后藤龙二/文；蒲蒲兰/译	二十一世纪出版社
		《鲸鱼》	[日]五味太郎/著；余治莹/译	河北教育出版社
		《松鼠先生和月亮》	[德]塞巴斯蒂安·麦什莫泽/文；王晓翠/译	湖北美术出版社
		《生气的亚瑟》	[英]希亚文·奥拉姆/文；柯倩华/译	河北教育出版社
		《大嘴狗》	[德]安娜·玛尔/文；陈宝/译	湖北美术出版社
		《风喜欢和我玩》	[美]玛丽·荷·艾斯/著；赵静/译	二十一世纪出版社
		《敌人派》	[美]德瑞克·莫森/文；萧萍、萧晶/译	湖北少年儿童出版社
		《勇气》	[美]伯纳德·韦伯/著；阿甲/译	南海出版公司

（续表）

年级	书目类型	书目	作者/译者	出版社
三年级	课程书目	《小房子变大房子》	[英]朱莉娅·唐纳森/文；任溶溶/译	外语教学与研究出版社
		《躲猫猫大王》	张晓玲/文	明天出版社
		《水与墨的故事》	李青叶/文	浙江少年儿童出版社
		整本书书目		
		《鼹鼠的月亮河》	王一梅/著	新蕾出版社
		《魔法师的帽子》	[芬兰]托芙·扬松/绘画；任溶溶/译	明天出版社
		《绿野仙踪》	[美]莱曼·弗兰克·鲍姆/著；马爱农/译	中国少年儿童出版社
		《长袜子皮皮》	[瑞典]阿斯特丽德·林格伦/著；李之义/译	中国少年儿童出版社
		《时代广场的蟋蟀》	[美]乔治·塞尔登/著；傅湘雯/译	二十一世纪出版社
		《亲爱的汉修先生》	[美]贝芙莉·克莱瑞/著；柯倩华/译	新蕾出版社
		《随风而来的玛丽阿姨》	[英]帕·林·特拉芙斯/著；任溶溶/译	明天出版社
		《格林童话》	[德]格林兄弟/著；魏以新/译	广西师范大学出版社
	自主阅读书目	**图画书书目**		
		《一个黑黑、黑黑的故事》	[美]露丝·布朗/著；敖德/译	河北少年儿童出版社
		《巫婆的孩子》	[英]乌尔苏拉·琼斯/文；方素珍/译	河北教育出版社
		《图书馆狮子》	[美]米歇尔·努森/文；周逸芬/译	河北少年儿童出版社
		《自行车蚊子埃贡》	[丹麦]佛莱明·克维斯特·缪勒/著；京不特/译	河北少年儿童出版社
		《威斯利王国》	[美]保罗·弗莱舒门/文；杨玲玲、彭懿/译	河北少年儿童出版社
		《千万别去当海盗》	[美]梅林达·朗/文；任溶溶/译	新星出版社
		《你很快就会长高》	[英]安琪雅·薛维克/文；余治莹/译	湖北少年儿童出版社

年级	书目类型	书目	作者/译者	出版社
三年级	自主阅读书目	《辫子》	黑眯/著	天天出版社
		《蔷薇别墅的小老鼠》	王一梅/著	海燕出版社
		整本书书目		
		《我是一个可大可小的人》	任溶溶/著	浙江少年儿童出版社
		《大林和小林》	张天翼/著	海豚出版社
		《装在口袋里的爸爸》	杨鹏/著	春风文艺出版社
		《青草国的鹅》	汤汤/著	少年儿童出版社
		《兰心的秘密》	[德]米切尔·恩德/著；陈俊/译	二十一世纪出版社
		《大盗贼》	[德]奥得弗雷德·普鲁士勒/著；程玮/译	二十一世纪出版社
		《女巫》	[英]罗尔德·达尔/著；任溶溶/译	明天出版社
		《天使的名字》	[瑞典]玛利娅·格里佩/著；李之义/译	湖南少年儿童出版社
		《黄瓜国王》	[奥地利]克里斯蒂娜·涅斯玲格/著；赵燮生/译	明天出版社
		《比比扬奇遇记》	[保加利亚]埃林·彼林/著；韦苇/译	少年儿童出版社
		《爬进月亮的男孩》	[英]大卫·埃尔蒙德/著；王芳/译	河北少年儿童出版社
		《波普先生的企鹅》	[美]理查德·阿特沃特、弗洛伦斯·阿特沃特/著；安声麒/译	新蕾出版社
		《狮子、女巫和魔衣柜》	[英]C.S.刘易斯/著；陈良廷、刘文澜/译	译林出版社
		《借东西的小人》	[英]玛丽·诺顿/著；任溶溶/译	译林出版社
		《杜利特医生非洲历险记》	[美]休·洛夫廷/著；任溶溶/译	浙江少年儿童出版社

（续表）

年级	书目类型	书目	作者/译者	出版社
三年级	自主阅读书目	《洋葱头历险记》	[意]贾尼·罗大里/著；任溶溶/译	中国少年儿童出版社
		《小淘气尼古拉的故事》	[法]勒内·戈西尼/著；戴捷/译	中国少年儿童出版社
		人文百科书目		
		《小小自然图书馆》	[意]盖娅·沃皮切妮等/文；张懿/译	安徽少年儿童出版社
		《法布尔昆虫记》	[韩]高苏珊娜等/编著；李明淑/译	北京科学技术出版社
		《微生物：看不见的魔术师》	[英]尼古拉·戴维斯/文；陈宏淑/译	明天出版社
		《亲亲自然》	[日]七尾纯/文；李丹/译	河北少年儿童出版社
		《它们是怎么来的》	[加]比尔·斯莱文/编绘；徐来/译	四川少年儿童出版社
		《哲学鸟飞罗系列》	[法]碧姬·拉贝/著；王恬/译	接力出版社
		《有趣的地理探险》	[英]苏珊·郝/著；晓文/译	科学普及出版社
		《最美的四季科普》	[法]克雷芒蒂娜·苏黛/编；王伶/译	蓝天出版社
		《小小旅行家》	[法]伊莎贝拉等/著；黄小涂等/译	少年儿童出版社
		《Math Start数学启蒙》	[美]斯图尔特·J.墨菲/文；谢维玲/译	万卷出版公司
四年级	课程书目	图画书书目		
		《三只小猪的真实故事》	[美]乔恩·谢斯卡/文；方素珍/译	河北教育出版社
		《风到哪里去了》	[美]夏洛特·左罗托夫/文；陈丹燕/译	明天出版社
		《黑兔和白兔》	[美]加思·威廉斯/著；彭懿/译	南海出版公司
		《石头汤》	[美]琼·穆特/著；阿甲/译	南海出版公司
		《小鲁的池塘》	[美]伊夫·邦廷/文；刘清彦/译	河北教育出版社
		《吃六顿晚餐的猫》	[英]英格·莫尔/著；黄廼毓/译	河北少年儿童出版社

（续表）

年级	书目类型	书目	作者／译者	出版社
四年级	课程书目	《我要大蜥蜴》	[美]凯伦·考芙曼·欧洛夫/文；沙永玲/译	湖北美术出版社
		《爷爷的天使》	[德]尤塔·鲍尔/著；高玉菁/译	湖北美术出版社
		《奶奶来了》	[韩]李惠兰/著；米雅/译	贵州人民出版社
		《玩具船去航行》	[美]兰德尔·德·塞弗/文；任溶溶/译	湖北美术出版社
		《最想做的事》	[美]玛莉·布雷比/文；梅子涵/译	湖北少年儿童出版社
		《田鼠阿佛》	[美]李欧·李奥尼/著；阿甲/译	南海出版公司
		《如果你想当总统……》	[美]朱蒂丝·圣乔治/著；杨卫东/译	新星出版社
		《邻居》	[法]克洛德·布容/著；匙河/译	北京联合出版公司
		《安的种子》	王早早/文	海燕出版社
		《跟着姥姥去遛弯儿》	保冬妮/著	新疆青少年出版社
		整本书书目		
		《夏洛的网》	[美]E.B.怀特/著；任溶溶/译	上海译文出版社
		《林汉达中国历史故事集》	林汉达/著	中国少年儿童出版社
		《青鸟》	[比利时]莫里斯·梅特林克/著；谢毓洁/译	中国少年儿童出版社
		《雪地寻踪》	[苏联]维·比安基/著；韦苇/译	广西师范大学出版社
		《小狐狸阿权》	[日]新美南吉/著；周龙梅、彭懿/译	广西师范大学出版社
		《我是一只狐狸狗》	林良/著	福建少年儿童出版社
		《总有一天会长大》	[挪威]托摩脱·蒿根/著；裴胜利/译	上海译文出版社
		《爱丽丝漫游奇境》	[英]刘易斯·卡罗尔/著；王永年/译	接力出版社

（续表）

年级	书目类型	书目	作者/译者	出版社
		图画书书目		
		《你很特别》	[美]陆可铎/著；丘慧文、郭恩惠/译	中央广播电视大学出版社
		《树真好》	[美]贾尼斯·梅·伍德里/文；舒杭丽/译	二十一世纪出版社
		《第一次提问》	[日]长田弘/文；[日]猿渡静子/译	连环画出版社
		《母鸡为什么过马路》	[美]大卫·麦考利/著；兆新/译	河北少年儿童出版社
		《凯琪的包裹》	[美]坎达丝·弗莱明/文；刘清彦/译	河北教育出版社
		《奇妙国》	[日]安野光雅/著；[日]猿渡静子/译	新星出版社
		《大黑狗》	[英]李维·宾福德/著；王启荣/译	接力出版社
		《妖怪山》	彭懿/文	连环画出版社
四年级	自主阅读书目	《走在路上》	梅子涵/文	新世纪出版社
		整本书书目		
		《向着明亮那方》	[日]金子美铃/著；吴菲/译	新星出版社
		《天鹰翔翔》	李潼/著	福建少年儿童出版社
		《狼图腾·小狼小狼》	姜戎/著	浙江少年儿童出版社
		《黑天鹅紫水晶》	沈石溪/著	少年儿童出版社
		《埃米尔擒贼记》	[德]埃里希·凯斯特纳/著；华宗德、钱杰/译	明天出版社
		《独一无二的伊凡》	[美]凯瑟琳·艾波盖特/著；柯倩华/译	新蕾出版社
		《月轮熊》	[日]椋鸠十/著；奚燕凤、王晶晶/译	二十一世纪出版社
		《森林报》	[苏联]维·比安基/著；王汶/译	二十一世纪出版社
		《当世界年纪还小的时候》	[德]于尔克·舒比格/著；廖云海/译	四川少年儿童出版社

（续表）

年级	书目类型	书目	作者/译者	出版社
四年级	自主阅读书目	《尼姆的老鼠》	[美]罗伯特·奥布赖恩/著；贾淑勤/译	湖南少年儿童出版社
		《5月35日》	[德]埃里希·凯斯特纳/著；刘冬瑜/译	明天出版社
		《马列耶夫在学校和家里》	[苏联]诺索夫/著	北京少年儿童出版社
		《欧洲精灵传奇》	[英]伊妮克·费斯许伦/文；邬眉/译	天津教育出版社
		《数星星》	[美]洛伊丝·劳里/著；汀桥/译	河北教育出版社
		《爱哭鬼小隼》	[日]河合隼雄/著；蔡鸣雁/译	浙江人民出版社
		《骑鹅旅行记》	[瑞典]塞尔玛·拉格洛夫/著；杜巧阁/译	中国少年儿童出版社
		《爱的教育》	[意]德·亚米契斯/著；徐力源/译	中国少年儿童出版社
		人文百科书目		
		《大自然中的一年》	[英]鲁思·西蒙斯/编著；窦鹏、朱朝选、周欧/译	北京联合出版公司
		《可怕的科学》	[英]尼克·阿诺德等/著；马骏等/译	北京少年儿童出版社
		《科学全知道》	[美]琳达·海沃德、珍妮弗·达斯林等/著；筱舟、魏亚西等/译	晨光出版社
		《科瓦奇讲植物》《科瓦奇讲动物》《科瓦奇讲天文与地理》	[英]查尔斯·科瓦奇/著；新竹人智学会等/译	贵州教育出版社
		《浪漫in科学》	[法]弗朗索瓦·米歇尔等/著；陈睿、苏桦/译	贵州人民出版社
		《儿童哲学智慧书》	[法]奥斯卡·柏尼菲/文；李玮等/译	接力出版社
		《成为真正的男孩》《成为真正的女孩》	[法]米歇尔·勒库等/著；孙嘉钰、牟进达/译	南海出版公司
		《一起来玩科学》	[德]克罗地亚·哈斯等/著；刘敏/译	青岛出版社
		《超级科学家》	[意]费德里克·塔蒂亚、马里奥·托奇、玛格丽特·哈克等/著；潘源文等/译	浙江文艺出版社
		《我的自然科学课》	[日]三枝博幸等/著；李奕、祁焱/译	天津人民美术出版社

（续表）

年级	书目类型	书目	作者/译者	出版社
五年级	课程书目	图画书书目		
		《铁丝网上的小花》	[意]克里斯托夫·格莱兹、罗伯特·英诺森提/文；代维/译	明天出版社
		《极地特快》	[美]克里斯·范·奥尔斯伯格/著；杨玲玲、彭懿/译	新星出版社
		《雪花人》	[美]杰奎琳·布里格斯·马丁/文；柯倩华/译	河北教育出版社
		《园丁》	[美]萨拉·斯图尔特/文；馨月/译	二十一世纪出版社
		《爷爷变成了幽灵》	[丹麦]金·弗珀兹·艾克松/文；彭懿/译	湖北美术出版社
		《桃花源的故事》	[日]松居直/文；唐亚明/译	二十一世纪出版社
		《团圆》	余丽琼/文	明天出版社
		《巴夭人的孩子》	彭懿/文	明天出版社
		整本书书目		
		《西游记》	吴承恩/著	广西师范大学出版社
		《我的妈妈是精灵》	陈丹燕/著	福建少年儿童出版社
		《铁路边的孩子们》	[英]伊迪丝·内斯比特/著；任溶溶/译	上海译文出版社
		《小鹿班比》	[奥地利]费利克斯·萨尔登/著；邹绛/译	广西师范大学出版社
		《安徒生童话》	[丹麦]安徒生/著；叶君健/译	广西师范大学出版社
		《柳林风声》	[英]肯尼斯·格雷厄姆/著；杨静远/译	广西师范大学出版社
		《战马》	[英]迈克尔·莫波格/著；李晋/译	南海出版公司
		《小飞侠彼得·潘》	[英]詹姆斯·巴里/著；任溶溶/译	少年儿童出版社
	自主阅读书目	图画书书目		
		《花婆婆》	[美]芭芭拉·库尼/著；方素珍/译	河北教育出版社
		《獾的礼物》	[英]苏珊·华莱/著；杨玲玲、彭懿/译	明天出版社

（续表）

年级	书目类型	书目	作者 / 译者	出版社
		《世界为谁存在？》	[英]汤姆·波尔/文；刘清彦/译	湖北少年儿童出版社
		《黎明》	[美]尤里·舒利瓦茨/著；杨玲玲、彭懿/译	二十一世纪出版社
		《公园里的声音》	[英]安东尼·布朗/著；宋珮/译	河北教育出版社
		《花木兰》	北朝民歌	明天出版社
		《春神跳舞的森林》	严淑女/文	河北教育出版社
五年级	自主阅读书目	**整本书书目**		
		《一个孩子的诗园》	[英]罗伯特·路易斯·史蒂文森/著；漪然/译	湖北美术出版社
		《奔跑的女孩》	彭学军/著	二十一世纪出版社
		《余宝的世界》	黄蓓佳/著	江苏少年儿童出版社
		《蝉为谁鸣》	张之路/著	明天出版社
		《男生贾里》《女生贾梅》	秦文君/著	少年儿童出版社
		《九月的冰河》	薛涛/著	新蕾出版社
		《铁角》	牧铃/著	中国少年儿童出版社
		《黑焰》	格日勒其木格·黑鹤/著	接力出版社
		《纸人》	殷健灵/著	新蕾出版社
		《小书房之玻璃孔雀》	[英]依列娜·法吉恩/著；马爱农/译	安徽少年儿童出版社
		《水仙月四日》	[日]宫泽贤治/著；周龙梅/译	湖南少年儿童出版社
		《鲸鱼归来》	[英]迈克尔·莫尔普戈；谈凤霞/译	江苏少年儿童出版社
		《校舍上的车轮》	[美]迈·狄扬/著；潘辛、吴焱煌/译	辽宁少年儿童出版社
		《乐琦的神奇力量》	[美]苏珊·帕特隆/著；张尚/译	南海出版公司
		《奇迹》	[美]R.J.帕拉西奥/著；雷淑容、易承楠/译	上海文艺出版社

（续表）

年级	书目类型	书目	作者 / 译者	出版社
五年级	自主阅读书目	《星期三的战争》	[美]加里·施密特/著；高雪莲/译	南海出版公司
		《海底两万里》	[法]儒勒·凡尔纳/著；陈筱卿/译	人民文学出版社
		《特别的女生萨哈拉》	[美]爱斯米·科德尔/著；海绵/译	陕西师范大学出版社
		《坏男孩彭罗德》	[美]布思·塔金顿/著；马爱新/译	天天出版社
		《一百条裙子》	[美]埃莉诺·埃斯特斯/著；袁颖/译	新蕾出版社
		《马提与祖父》	[意]罗伯托·普密尼/著；张莉莉/译	新蕾出版社
		《天使雕像》	[美]E.L.柯尼斯伯格/著；郑清荣/译	新蕾出版社
		《35公斤的希望》	[法]安娜·嘉瓦尔达/著；王恬/译	新蕾出版社
		《佛兰德斯的狗》	[英]奥维达/著；王家湘/译	北京十月文艺出版社
		《天蓝色的彼岸》	[英]艾利克斯·希尔/著；张雪松/译	新世界出版社
		《光草——一个墙上的异想世界》	[意]罗伯托·普密尼/著；倪安宇/译	新蕾出版社
		《海蒂》	[瑞士]约翰娜·施皮里/著；孙晓峰/译	中国少年儿童出版社
		人文百科书目		
		《穿越时空》	[英]尼古拉斯·哈里斯/著；吕竟男/译	北京科学技术出版社
		《我的第一本古典音乐启蒙书》	[英]吉纳维芙·赫斯比/著；张晨辰/译	北京科学技术出版社
		《我的课外观察日记》	[韩]朴在喆等/著绘；秦晓静/译	北京联合出版公司
		《101个神奇的实验》	[德]安提亚·赛安·艾克·冯格/著；谢霜/译	长江少年儿童出版社
		《最美的科普·四季时钟系列》	[德]英姆迦德·鲁特等/著；顾白/译	江苏少年儿童出版社
		《两根弦的小提琴》	程玮/著	江苏少年儿童出版社

（续表）

年级	书目类型	书目	作者／译者	出版社
五年级	自主阅读书目	《人生第一课：写给孩子的哲学书》	[美]艾唐·伯瑞茨／文；漪然／译	湖南少年儿童出版社
		《这就是二十四节气》	高春香、邵敏／文	海豚出版社
		《地球的故事》	[美]房龙／著；陈瘦石、胡澱咸／译	浙江文艺出版社
		《诺贝尔获奖者和儿童对话》	[德]贝蒂娜·施蒂克尔／编；张荣昌／译	生活·读书·新知三联书店
六年级	课程书目	**图画书书目**		
		《麻雀》	梅子涵／文	接力出版社
		《森林大熊》	[瑞士]约克·史坦纳／文；孔杰／译	新星出版社
		《黎明开始的地方》	[美]道格拉斯·伍德／文；王芳／译	浙江少年儿童出版社
		《开往远方的列车》	[美]伊夫·邦廷／文；刘清彦／译	河北教育出版社
		《奥菲利娅的影子剧院》	[德]米切尔·恩德／文；何珊／译	二十一世纪出版社
		《失落的一角》	[美]谢尔·希尔弗斯坦／著；陈玥俊／译	南海出版公司
		《极地重生——沙克尔顿南极史诗之旅》	[英]威廉·格利尔／著；邓逗逗／译	长江少年儿童出版社
		《活了100万次的猫》	[日]佐野洋子／著；唐亚明／译	接力出版社
		整本书书目		
		《草房子》	曹文轩／著	江苏少年儿童出版社
		《西顿动物故事》	[加]E.T.西顿／著	连环画出版社
		《不老泉》	[美]娜塔莉·巴比特／著；吕明／译	二十一世纪出版社
		《毛毛》	[德]米切尔·恩德／著；杨武能／译	二十一世纪出版社
		《小王子》	[法]安东尼·德·圣艾克修佩利／著；程玮／译	广西师范大学出版社
		《风的旱冰鞋》	[日]安房直子／著；彭懿／译	接力出版社

（续表）

年级	书目类型	书目	作者/译者	出版社
六年级	课程书目	《鸟儿街上的岛屿》	[以色列]尤里·奥莱夫/著；路文彬/译	安徽少年儿童出版社
		《三国演义》	罗贯中/著	广西师范大学出版社
	自主阅读书目	**图画书书目**		
		《弗朗索瓦与消失的时间》	[法]克里斯蒂娜·诺曼-韦勒曼/著；徐素霞/译	新蕾出版社
		《生命的故事》	[美]维吉尼亚·李·伯顿/著；刘宇清/译	二十一世纪出版社
		《西雅图酋长的宣言》	[美]西雅图酋长/文；柯倩华/译	河北教育出版社
		《风需要休息》	[加]谢尔顿·欧伯曼/著；周丹/译	河北少年儿童出版社
		《公主的月亮》	[美]詹姆斯·瑟伯/著；邢培健/译	新星出版社
		《外公的旅程》	[美]艾伦·塞伊/著；匡咏梅/译	新星出版社
		《当颜色被禁止的时候》	[德]莫妮卡·菲特/著；王星/译	江苏凤凰少年儿童出版社
		整本书书目		
		《给孩子的诗》	北岛/选编	中信出版集团
		《六年级大逃亡》	班马/著	二十一世纪出版社
		《烟囱下的孩子》	常新港/著	二十一世纪出版社
		《少女的红发卡》	程玮/著	江苏人民出版社
		《女儿的故事》	梅子涵/著	江苏少年儿童出版社
		《城南旧事》	林海音/著	陕西师范大学出版社
		《蓝调江南》	金曾豪/著	古吴轩出版社
		《狼群中的朱莉》	[美]珍·克雷赫德·乔治/著；吴飞/译	光明日报出版社
		《小银和我》	[西班牙]胡安·拉蒙·希梅内斯/著；陈实/译	花城出版社
		《安德的游戏》	[美]奥森·斯科特·卡德/著；李毅/译	广西科学技术出版社

（续表）

年级	书目类型	书目	作者/译者	出版社
六年级	自主阅读书目	《胡萝卜须》	[法]儒勒·列那尔/著；徐知免/译	江苏文艺出版社
		《时间的皱折》	[美]马德琳·英格/著；黄聿君/译	江苏美术出版社
		《地海巫师》	[美]厄休拉·勒古恩/著；蔡美玲/译	江苏文艺出版社
		《听见颜色的女孩》	[美]莎朗·德蕾珀/著；卢宁/译	接力出版社
		《最后的孩子》	[美]约翰·哈特/著；陈宗琛/译	华东师范大学出版社
		《出卖笑的孩子》	[德]詹姆斯·克吕斯/著；李墉汕/译	明天出版社
		《汤姆的午夜花园》	[英]菲莉帕·皮尔斯/著；马爱农/译	人民文学出版社
		《魔戒》	[英]J.R.R.托尔金/著；邓嘉宛、石中歌、杜蕴慈/译	上海人民出版社
		《快乐王子》	[英]王尔德/著；巴金/译	上海译文出版社
		《北风的背后》	[英]乔治·麦克唐纳/著；李聆/译	少年儿童出版社
		《通往特雷比西亚的桥》	[美]凯瑟琳·佩特森/著；陈静抒/译	新蕾出版公司
		《我亲爱的甜橙树》	[巴西]若泽·毛罗·德瓦斯康塞洛斯/著；蔚玲/译	人民文学出版社
		《动物庄园》	[英]乔治·奥威尔/著；隗静秋/译	译林出版社
		《鲁宾逊漂流记》	[英]丹尼尔·笛福/著；唐荫荪/译	中央编译出版社
		《灵力》	[美]英格丽德·劳/著；徐海帏/译	南海出版公司
		《大草原上的小木屋》	[美]劳拉·英格斯·维尔德/著；马爱农/译	中国少年儿童出版社
		《汉娜的手提箱》	[加]凯伦·莱温/著；张小茶/译	贵州人民出版社
		人文百科书目		
		《纸牌的秘密》	[挪威]乔斯坦·贾德/著；李永平/译	作家出版社
		《少年音乐和美术故事》	丰子恺/著	二十一世纪出版社

（续表）

年级	书目类型	书目	作者／译者	出版社
六年级	自主阅读书目	《我的第一本艺术启蒙书》	[法]贝亚特丽斯·丰塔内尔/著；李钰/译	广西师范大学出版社
		《写给孩子的哲学启蒙书》	[法]碧姬·拉贝、米歇尔·毕奇/著；潘林、刘岩、王川娅等/译	广西师范大学出版社
		《小牛顿科学馆》	台湾牛顿出版股份有限公司/编著	贵州教育出版社
		《万物简史》（少儿彩绘版）	[美]比尔·布莱森/著；严维明/译	接力出版社
		《地下·水下》	[波兰]亚历山德拉·米热林斯卡、丹尼尔·米热林斯基/著；乌兰/译	贵州人民出版社
		《我会生存——写给孩子的生存随身手册》《我会探险——写给孩子的探险随身手册》	[英]贾斯汀·迈尔斯、马歇尔出版社童书编委会/著；陈芳芳/译	广西师范大学出版社
		《写给儿童的中国历史》	陈卫平/著	新世界出版社
		《数理化通俗演义》	梁衡/著	北京联合出版公司

儿童心智发展与分级阅读建议（接力儿童分级阅读研究中心）

说明：

　　1.本建议只提供成人辅助孩子的阅读参考，不作为分级阅读标准使用。

　　2.儿童分级阅读中的影响因素众多，本建议只提供一般性心智发展和相关的阅读建议。

　　3.分级阅读标准的拟定，尚待儿童教育、儿童心理、儿童文学等领域基础研究的进一步深入。

年龄	发展领域	心智发展	阅读建议	样本举例
0—3岁	身体与动作发展	感官迅速发展，运用五官探索与学习；对有节奏的声音特别有反应；对比强烈对比的颜色及形状有助于视觉发展	运用五官操作游戏的玩具书，节奏轻快的儿歌、摇篮曲，色彩明亮而丰富的图书	《小玻系列翻翻书》《百岁童谣》《小蓝和小黄》
	认知与智力发展	注意力短暂，认知基本物体和概念	内容简短，可一次看完的书；可学习形状、颜色、大小等概念的书	《小酷和小玛的认知绘本》《婴儿游戏绘本》
	语言发展	喜欢运用声音玩游戏；开始学习基本语汇及语法，建立语言基础	儿歌或可以玩声音游戏的书，可促进亲子对话沟通的书	"噼里啪啦"系列、《我爸爸》
	情绪、人格与社会发展	建立对人的基本信任感；经验有限，兴趣集中在自己及熟悉的人、事、物中；学习自理与自护能力	有关获得爱与情感的生活故事，有关熟悉的人、事、物的内容，有关常规及生活习惯的故事	《逃家小兔》《好饿的小蛇》《小熊不刷牙》
4—6岁	身体与动作发展	手眼协调，小肌肉协调有很大进步	各式各样的玩具书	"找朋友系列神奇立体书"

（续表）

年龄	发展领域	心智发展	阅读建议	样本举例
4—6岁	认知与智力发展	专注力短暂而非常好动；通过第一手经验建立概念；有大致的时间概念；对世界充满好奇心；通过想象游戏来学习；泛灵论，认为万物皆有生命	内容简短，可以一次看完或参与命名、认知、唱歌的书籍；强化概念的书；了解时间顺序的书；有关日常生活经验、宠物、有趣事物、家庭及周围人物的书；可以玩想象游戏的书；书中角色拟人化	《爷爷一定有办法》《小房子》《凯能行》"京剧猫"系列
	语言发展	语言发展迅速	儿歌、预测性图画书、无字图画书或简短的故事	《动物绝对不应该穿衣服》《大拇指无字故事书》
	情绪、人格与社会发展	以自我为中心；寻求温暖、安全的人际关系；学习独立自主，从成就中获得满足、喜悦；对事情的对错有绝对的判断；对未知的事物容易产生不安感；开始发展社会技巧；对团体产生归属感的需求	主角人物易于认同，主题比较单一；使人感到安全的故事，床边故事，以及其他能够培养朗读习惯的书，提供正面的文学经验；反映情绪、角色积极进取的书；期待坏行为受到惩罚，好行为受到奖励，要求正义及快乐的结局；探讨恐惧情绪的书（怕黑、想象恐惧等）；学习与人沟通的书；寻求促进友伴关系发展的书	《我的爱有世界那么大》《小黑鱼》《绅士的雨伞》
7—8岁	身体与动作发展	身体外形改变、恒齿长出；学习更细微的动作技能，如吹口哨	有益于自己接受身心变化及个别差异的书	《小猪唏哩呼噜》
	认知与智力发展	专注力增加；模糊的时间概念；能分辨真实与想象的世界；通过直接经验学习；对自我世界仍然感兴趣，但对更大范围的事物感到好奇	有完整情节内容的短篇故事；可以学习时间概念的故事；喜欢幻想或用人偶演出戏剧；运用知识来拓展经验；需要各式各样的书，尤其是描述外在世界的书	《小巴掌童话》《小房子》《我有友情要出租》"I SPY视觉大发现"系列
	语言发展	语言能力持续发展，说、读、写能力增强	适合朗读或说故事的书	《没头脑和不高兴》

（续表）

年龄	发展领域	心智发展	阅读建议	样本举例
7—8岁	情绪、人格与社会发展	开始关心与了解别人；正义感增强，行为符合外在的标准；继续追求独立性与主动性；开始发展幽默感；需要家的温暖与安全；发展友伴关系；对性别差异产生好奇	运用熟悉的故事或预测性故事提供成功的阅读经验，提供体验关爱别人以及培养同理心的书，提供讨论是非对错的书，需要自我选择、责任感及成功冒险的故事，喜欢有惊奇结局的故事或笑话，喜欢描述各种家庭生活形态的书，喜欢描述朋友互动状况的书，喜欢描述两性角色差异的书	《猪八戒新传》《石头汤》《宝葫芦的秘密》《我和小姐姐克拉拉》
9—10岁	身体与动作发展	身体迅速发展，女孩发展速度比男孩更快	提供可以了解发展过程及解决个人问题的书	《亲爱的汉修先生》
	认知与智力发展	发展时间与空间概念，建立逻辑、推理、思考、判断能力	对自传、过去生活、未来生活或不同生活区域的书感到有兴趣，提供正确价值观念或分析思考的书	《窗边的小豆豆》《我喜欢你，狐狸》
	语言发展	对文学的兴趣浓厚，阅读能力迅速增强，具有自主阅读的能力	发现阅读是有趣的事，喜欢不被打扰的阅读时间	《长袜子皮皮》
	情绪、人格与社会发展	考验自我的能力，希望有独立的时间和空间；对未知的事物及可预测的危险感到不安；对行为的对错有标准，开始重视他人的观点，重视归属感；接受并认同性别差异及社会期望	喜欢独立生活及为生存奋斗的故事，提供有关生命话题（如生命缘起、生病与死亡）的书，需要有讨论与分享图书以获得团体认可的机会，提供性别角色认同的书或可以讨论角色刻板印象的书	《铁路边的孩子们》《不老泉》《一百条裙子》《纸袋公主》
11—12岁	身体与动作发展	青春前期或青春期，身体发育开始	男孩更多关注探险、悬疑类图书，女孩更多关注描写细腻情感的书	《黑暗在蔓延》《绿山墙的安妮》
	认知与智力发展	建立事情对错判断标准，更有弹性	提供可以看到不同观点的书	《毛毛》

（续表）

年龄	发展领域	心智发展	阅读建议	样本举例
	语言发展	开始建立自己的阅读趣味和评价标准	提供多元的书给孩子更多选择，满足孩子的不同阅读需求，发展对语言的品位	《草房子》
11—12岁	情绪、人格与社会发展	脱离自我中心，学习用不同观点看问题；挑战父母的权威、品评周围的朋友的行为；开始关心社会，建立社会观	提供可以深思家人关系变化的书；探讨世界重要议题的书，如战争、环保及家庭变迁、种族平等；各行各业杰出人士的传记	《我要做好孩子》《安妮日记》

中国儿童分级阅读参考书目（接力儿童分级阅读研究中心）

说明：

1. 本书目按0—3、4—6、7—8、9—10、11—12五个年龄段划分，每个年龄段推荐40种书，共200种。

2. 本书目参考了国内外的儿童文学奖项，如国家图书奖、中华优秀出版物奖、中国作家协会全国优秀儿童文学奖、纽伯瑞儿童文学奖、国际安徒生奖、林格伦文学奖，也参考了国内外的各种推荐书目，如新闻出版广电总局向青少年推荐的100种优秀图书、《号角》杂志推荐好书。

3. 本书目参考国内外分级阅读理论，并综合考虑中国儿童心智发展水平和阅读欣赏习惯以及篇幅、难度、主旨等方面的因素。

4. 本书目在图画书与文字书、中国作家与外国作家、文学与科普、题材与体裁、经典与时尚等因素上有所考虑，但并不刻意平衡。

5. 为方便读者，本书目考虑到了所列图书应在市场上有销售，但并不表示所有图书在市场上均能找到；一些经典作品因已经绝版，未列入本书目，但以后如有新版，我们将在修订此书目时补入。

6. 本书目考虑了译文质量。有多个译本的经典作品，选择译文质量较高的译本。

7. 本书目还将根据新书出版情况适时修订。

8. 本书目按书名首字的拼音排序。

年龄段	书目	作者 / 译者	出版社
0—3岁	《奥莉薇》	[美]伊恩·福尔克纳/著；郝广才/译	河北教育出版社
	《百岁童谣》	山曼/编著	明天出版社
	《彩虹色的花》	[波兰]麦克·格雷涅茨/原作；[日]细野绫子/文；蒲蒲兰/译	二十一世纪出版社

（续表）

年龄段	书目	作者/译者	出版社
0—3岁	《插图大师莫妮克无字图画书》	[瑞士]莫妮克·弗利克斯/编绘	明天出版社
	《大卫，不可以》	[美]大卫·香农/著；余治莹/译	河北教育出版社
	"嘟嘟熊系列丛书"	葛冰/著；吴带生/绘	中国少年儿童出版社
	《鳄鱼怕怕，牙医怕怕》	[日]五味太郎/著；上谊编辑部/译	明天出版社
	《给爸爸的吻》	[澳]弗朗西斯·沃茨/文；熊怡然/译	湖北美术出版社
	《古利和古拉》	[日]中川李枝子/文；季颖/译	南海出版公司
	《好饿的毛毛虫》	[美]艾瑞克·卡尔/著；郑明进/译	明天出版社
	《好饿的小蛇》	[日]宫西达也/著；彭懿/译	二十一世纪出版社
	《和甘伯伯去游河》	[英]约翰·伯宁罕/著；林良/译	河北教育出版社
	《黄雨伞》	[韩]柳在守/著	接力出版社
	《家有恐龙系列》	[美]简·约伦/编文；任溶溶/译	接力出版社
	《鲸鱼》	[日]五味太郎/著；余治莹/译	河北教育出版社
	"可爱的鼠小弟"系列	[日]中江嘉男/文；赵静、文纪子/译	南海出版公司
	《两棵树》	[法]伊丽莎白·布莱美/文；麦小燕/译	湖北美术出版社
	"米菲绘本"系列	[荷兰]迪克·布鲁纳/著；童趣出版有限公司/编译	人民邮电出版社
	《喵喵》	[日]长野英子/著；蒲蒲兰/译	二十一世纪出版社
	《母鸡萝丝去散步》	[英]佩特·哈群斯/著；上谊编辑部/译	明天出版社
	《牛年的礼物：剪纸中国·听妈妈讲牛的故事》	于平、任凭/著绘	新世界出版社
	"噼里啪啦"系列	[日]佐佐木洋子/编绘；张慧荣/译	二十一世纪出版社
	《首先有一个苹果》	[日]伊东宽/著；蒲蒲兰/译	二十一世纪出版社

（续表）

年龄段	书目	作者/译者	出版社
0—3岁	《逃家小兔》	[美]玛格莉特·怀兹·布朗/文；黄迺毓/译	明天出版社
	《我爸爸》	[英]安东尼·布朗/著；余治莹/译	河北教育出版社
	《我喜欢书》	[英]安东尼·布朗/著；余治莹/译	河北教育出版社
	《我也可以飞》	[法]让罗姆·瑞利亚/著；麦小燕/译	湖北美术出版社
	《小玻系列翻翻书》	[英]艾力克·希尔/著；彭懿/译	接力出版社
	《小酷和小玛的认知绘本》	[日]秦好史郎/著；杨文/译	北京少年儿童出版社
	《小蓝和小黄》	[美]李欧·李奥尼/著；彭懿/译	明天出版社
	《小兔子快乐认知：创新低幼启蒙读物》	[美]艾兰·贝克尔等/文；漆仰平/译	贵州人民出版社
	《小熊不刷牙》	[瑞士]斯伐拉纳·提欧利那/著；曾璇/译	湖北美术出版社
	《小鸭黛西系列》	[英]简·西蒙斯/编绘；曹敏等/译	接力出版社
	《新编儿歌365》	圣野/选编	浙江少年儿童出版社
	《100万只猫》	[美]婉达·盖格/著；彭懿/译	南海出版公司
	《一园青菜成了精》	编自北方童谣	明天出版社
	《婴儿游戏绘本》	[日]木村裕一/著；崔维燕/译	接力出版社
	《圆白菜小弟》	[日]长新太/著；彭懿/译	南海出版公司
	《月亮的味道》	[波兰]麦克·格雷涅茨/著；漪然、彭懿/译	二十一世纪出版社
	《云娃娃》	[美]罗德·蒙蒂霍/著；余治莹/译	接力出版社
4—6岁	《阿罗系列》	[美]克罗格特·约翰逊/著；孙晓娜/译	接力出版社
	《爱花的牛》	[美]曼罗·里夫/文；孙敏/译	二十一世纪出版社
	《爱心树》	[美]谢尔·希尔弗斯坦/著；傅惟慈/译	南海出版公司

（续表）

年龄段	书目	作者／译者	出版社
4—6岁	"棒棒仔心灵之旅图画书"系列	肖定丽等/著	海燕出版社
	"贝贝熊系列丛书"	[美]斯坦·博丹、简·博丹/著；张德启等/译	新疆青少年出版社
	"彩虹鱼"系列	[瑞士]马克斯·菲斯特/著；彭懿/译	接力出版社
	"查理与劳拉"系列图画书	[英]罗伦·乔尔德/著；冯臻等/译	接力出版社
	《大脚丫跳芭蕾》	[美]埃米·扬/著；柯倩华/译	河北教育出版社
	《大拇指无字故事书》	[法]比亚蒂斯·洛迪格等/著	接力出版社
	"大头儿子心灵启蒙故事"系列	郑春华	接力出版社
	"第一次发现"丛书	[法]勒内·梅特勒尔等/绘；王彦/译	接力出版社
	《动物绝对不应该穿衣服》	[美]茱蒂·巴瑞特/文；沙永玲/译	上海人民美术出版社
	"嘟嘟和巴豆"系列	[美]霍利·霍比/著；彭懿等/译	二十一世纪出版社
	《飞上天的鱼》	葛翠琳/著	中国福利会出版社
	"红袋鼠安全自护金牌故事"系列	高洪波等/著	中国少年儿童出版社
	《火焰》	朱成梁/编绘	二十一世纪出版社
	"京剧猫"系列	熊亮/著	连环画出版社
	《凯能行》	[德]埃蒂特·施莱本-维克/文；王晓翠/译	湖北美术出版社
	《驴小弟变石头》	[美]威廉·史塔克/著；张剑鸣/译	明天出版社
	《妈妈的红沙发》	[美]薇拉·威廉斯/著；柯倩华/译	河北教育出版社
	"尼克爷爷讲故事"系列	[英]尼克·巴特沃斯/著；孙淇/译	明天出版社
	《七只瞎老鼠》	[美]杨志成/著；王林/译	河北教育出版社
	《蚯蚓的日记》	[美]朵琳·克罗宁/文；陈宏淑/译	明天出版社

（续表）

年龄段	书目	作者/译者	出版社
4—6岁	"人文科学图画书"系列	王晓明/著	华东师范大学出版社
	《神奇的窗子》	[美]诺顿·贾斯特/文；任溶溶/译	接力出版社
	《绅士的雨伞》	[日]佐野洋子/著；唐亚明/译	接力出版社
	《是谁嗯嗯在我头上》	[德]维尔纳·霍尔茨瓦特/文；方素珍/译	河北教育出版社
	《听奶奶的话》	朱李霞/编绘	安徽少年儿童出版社
	《我的爱有世界那么大》	[英]戴维·范·伯伦/著；任溶溶/译	接力出版社
	《我的妈妈真麻烦》	[英]芭贝·柯尔/著；曙光/译	中国电力出版社
	"我真棒"幼儿成长图画书	黄蓓佳、李娜等/文；朱成梁等/绘	江苏少年儿童出版社
	《幼儿文学60年经典·太阳卷》《幼儿文学60年经典·月亮卷》《幼儿文学60年经典·星星卷》	高洪波/主编	中国少年儿童出版社
	《小蛋壳历险记》	冰子/著	中国福利会出版社
	《小房子》	[美]维吉尼亚·李·伯顿/著；阿甲/译	南海出版公司
	《小黑鱼》	[美]李欧·李奥尼/著；彭懿/译	南海出版公司
	《雪人》	[英]雷蒙·布力格/著；王星/译	明天出版社
	《爷爷一定有办法》	[加]菲比·吉尔曼/著；宋珮/译	明天出版社
	《月光男孩》	[丹麦]依卜·斯旁·奥尔森/著；杨玲玲、彭懿/译	湖北美术出版社
	《云朵面包》	[韩]白嬉娜/著；陈艳敏/译	上海人民美术出版社
	"找朋友系列神奇立体书"	[英]莫里斯·普莱格尔/著；荣信文化/编译	陕西旅游出版社
7—8岁	"I SPY视觉大发现"系列	[美]吉恩·玛佐洛/文；代冬梅等/译	接力出版社

（续表）

年龄段	书目	作者 / 译者	出版社
7—8岁	《艾特熊与赛娜鼠》	[比利时]嘉贝丽·文生/著；梅思繁/译	上海人民美术出版社
	"八仙的传说"系列（9册）	老农/编	中国和平出版社
	《宝葫芦的秘密》	张天翼/著	福建少年儿童出版社
	《不一样的卡梅拉》	[法]克利斯提昂·约里波瓦/文；郑迪蔚/译	二十一世纪出版社
	《超级冒险王》	[澳]安娜·芬伯格、芭芭拉·芬伯格/著；范晓星/译	江苏少年儿童出版社
	《大猩猩》	[英]安东尼·布朗/著；林良/译	河北教育出版社
	《葛冰幽默奇幻童话星系》	葛冰/著	接力出版社
	《狐狸打猎人的故事》	金近/著	湖北少年儿童出版社
	《虎王子》	陈江洪/著	北京科学技术出版社
	《花背小乌龟》	冰波/著	江苏少年儿童出版社
	《花婆婆》	[美]芭芭拉·库尼/著；方素珍/译	河北教育出版社
	"花袜子小乌鸦成长故事"系列	[德]奈乐·莫斯特/文；王星/译	中国少年儿童出版社
	《警官巴克尔和警犬葛芮雅》	[美]佩吉·拉特曼/著；阿甲/译	河北教育出版社
	"蓝精灵"系列	[比利时]贝约/著；黄丽云等/译	接力出版社
	"猫眼小子包达达"系列	葛竞/著	接力出版社
	《帽子的秘密》	柯岩/著	湖北少年儿童出版社
	《没头脑和不高兴》	任溶溶/著	浙江少年儿童出版社
	"魔法三国"系列	周锐/著	接力出版社
	《你不能带气球进大都会博物馆》	[美]杰奎琳·普莱斯·韦茨曼、罗宾·普莱斯·格拉瑟/著	接力出版社

（续表）

年龄段	书目	作者/译者	出版社
7—8岁	《青蛙和蟾蜍》	[美]艾诺·诺贝尔/著；潘人木、党英台/译	明天出版社
	《三只小猪》	[美]大卫·威斯纳/著；彭懿/译	浙江少年儿童出版社
	《三只小猪的真实故事》	[美]乔恩·谢斯卡/文；方素珍/译	河北教育出版社
	《世界上最美丽的村子——我的家乡》	[日]小林丰/著；蒲蒲兰/译	二十一世纪出版社
	《石头汤》	[美]琼·穆特/著；阿甲/译	南海出版公司
	《睡美人》	[瑞士]费里克斯·霍夫曼/图；彭懿/译	连环画出版社
	《兔子坡》	[美]罗伯特·罗素/著；陈诗绘/译	新蕾出版社
	《我的爸爸叫焦尼》	[瑞典]波·R.汉伯格/文；彭懿/译	湖北美术出版社
	《我和小姐姐克拉拉》	[德]迪米特尔·茵可夫/著；陈俊/译	二十一世纪出版社
	《我有友情要出租》	方素珍/文	中国和平出版社
	《下巴上的洞洞》	鲁兵/著	湖北少年儿童出版社
	《"下次开船"港》	严文井/著	湖北少年儿童出版社
	《小巴掌童话精品馆》	张秋生/著	湖北少年儿童出版社
	《小狐狸买手套》	[日]新美南吉/著；彭懿、周龙梅/译	贵州人民出版社
	《小太阳》	子敏/著	湖北少年儿童出版社
	《小猪唏哩呼噜》	孙幼军/著	春风文艺出版社
	《雪花人》	[美]杰奎琳·布里格斯·马丁/文；柯倩华/译	河北教育出版社
	《鼹鼠的月亮河》	王一梅/著	新蕾出版社
	《中国动画经典系列》	张博庆等/改编	外语教学与研究出版社
	《猪八戒新传》	包蕾/著	湖北少年儿童出版社

（续表）

年龄段	书目	作者/译者	出版社
9—10岁	《笨狼的故事》	汤素兰/著	浙江少年儿童出版社
	《不老泉》	[美]纳塔莉·巴比特/著；肖慧/译	少年儿童出版社
	《查理和巧克力工厂》	[英]罗尔德·达尔/著；任溶溶/译	明天出版社
	《长袜子皮皮》	[瑞典]阿斯特丽德·林格伦/著；李之义/译	中国少年儿童出版社
	《窗边的小豆豆》	[日]黑柳彻子/著；赵玉皎/译	南海出版公司
	《春雨的悄悄话》	樊发稼/著	湖北少年儿童出版社
	《戴小桥和他的哥们儿》	梅子涵/著	新蕾出版社
	《弹子袋》	[法]约瑟夫·若福/著；王念、周娅/译	浙江文艺出版社
	《地板下的小人》	[英]玛丽·诺顿/著；任溶溶/译	少年儿童出版社
	《林汉达中国历史故事集》	林汉达/著	中国少年儿童出版社
	《马列耶夫在学校和家里》	[苏联]尼·诺索夫/著；孙广英/译	少年儿童出版社
	《美丽眼睛看世界》	桂文亚/著	少年儿童出版社
	《秘密花园》	[美]弗·霍·伯内特/著；张建平/译	少年儿童出版社
	《男生贾里》	秦文君/著	少年儿童出版社
	《尼尔斯骑鹅旅行记》	[瑞典]塞·拉格洛芙/著；李俍民/译	少年儿童出版社
	"皮皮鲁总动员之舒克贝塔"系列	郑渊洁/著	二十一世纪出版社
	《七个老鼠兄弟：徐鲁童话诗》	徐鲁/著	浙江少年儿童出版社
	《亲爱的汉修先生》	[美]贝芙莉·克莱瑞/著；柯倩华/译	新蕾出版社
	《时代广场的蟋蟀》	[美]乔治·塞尔登/著；傅湘雯/译	新蕾出版社
	《"双把儿铁锅"卡琦娅》	[德]赫尔姆特·萨克斯斯基/著；王星/译	新疆青少年出版社

（续表）

年龄段	书目	作者/译者	出版社
9—10岁	《随风而来的玛丽阿姨》	[英]帕·林·特拉芙斯/著；任溶溶/译	明天出版社
	《桃花源的故事》	[日]松居直/文；唐亚明/译	上海人民美术出版社
	"淘气包马小跳"系列	杨红樱/著	接力出版社
	《铁路边的孩子们》	[英]伊迪丝·内斯比特/著；任溶溶/译	少年儿童出版社
	《铁丝网上的小花》	[意]克里斯托夫·格莱兹、罗伯特·英诺森提/著；代维/译	明天出版社
	"童话莎士比亚"系列	[英]玛丽·兰姆、查尔斯·兰姆/著；萧乾/译写	少年儿童出版社
	《我的宠物是恐龙》	[美]奥利弗·巴特沃司/著；孙法理/译	湖南少年儿童出版社
	《我们的母亲叫中国》	苏叔阳/著	中国少年儿童出版社
	《我喜欢你，狐狸》	高洪波/著	湖北少年儿童出版社
	《乌丢丢的奇遇》	金波/著	江苏少年儿童出版社
	《5月35日》	[德]埃里希·凯斯特纳/著；刘冬瑜/译	明天出版社
	《小兵张嘎》	徐光耀/著	湖北少年儿童出版社
	《小飞侠彼得·潘》	[英]詹姆斯·巴里/著；任溶溶/译	少年儿童出版社
	《小灵通漫游未来》	叶永烈/著	湖北少年儿童出版社
	《小淘气尼古拉绝版故事》	[法]勒内·戈西尼/文；戴捷/译	中国少年儿童出版社
	"小香咕新传"系列	秦文君/著	接力出版社
	《小英雄雨来》	管桦/著	湖北少年儿童出版社
	《杨柳风》	[英]格雷厄姆/著；林玉鹏/译	译林出版社
	《一百条裙子》	[美]埃莉诺·埃斯特斯/著；袁颖/译	新蕾出版社
	《纸袋公主》	[美]罗伯特·蒙施/著；兔子波西/译	河北教育出版社

（续表）

年龄段	书目	作者/译者	出版社
11—12岁	《班长下台》	桂文亚/著	湖北少年儿童出版社
	《冰心儿童文学全集》	冰心/著	中国少年儿童出版社
	《草房子》	曹文轩/著	江苏少年儿童出版社
	《陈土的六根头发》	常新港/著	春风文艺出版社
	《城南旧事》	林海音/著	中国青年出版社
	《大熊猫传奇》	刘先平/著	安徽少年儿童出版社
	《地海巫师》	[美]厄休拉·勒奎恩/著；马爱农/译	人民文学出版社
	《风之王》	[美]玛格丽特·亨利/著；赵永芬/译	新蕾出版社
	"哈利·波特"系列	[英]J.K.罗琳/著；马爱农、马爱新等/译	人民文学出版社
	《黑暗在蔓延》	[美]苏珊·库珀/著；姜淑芹/译	湖南少年儿童出版社
	《蓝色的海豚岛》	[美]斯·奥台尔/著；傅定邦/译	新蕾出版社
	《狼獾河》	格日勒其木格·黑鹤/著	接力出版社
	《狼王梦》	沈石溪/著	湖北少年儿童出版社
	《绿山墙的安妮》	[加]露西·蒙哥马利/著；马爱农/译	人民文学出版社
	《毛毛》	[德]米切尔·恩德/著；李士勋/译	二十一世纪出版社
	《门缝里的童年》	林彦/著	浙江少年儿童出版社
	《魔戒全集》	[英]托尔金/著；李尧、姚锦镕等/译	译林出版社
	《尼姆的老鼠》	[美]罗伯特·奥布赖恩/著；贾淑勤/译	湖南少年儿童出版社
	《女儿的故事》	梅子涵/著	江苏少年儿童出版社
	《女水手日记》	[美]艾非/著；徐诗思/译	新蕾出版社
	《诺贝尔奖获得者与儿童对话》	[德]贝蒂娜·施蒂克尔/编；张荣昌/译	生活·读书·新知三联书店
	《骑扁马的扁人》	王立春/著	辽宁少年儿童出版社

（续表）

年龄段	书目	作者 / 译者	出版社
11—12岁	《桥下一家人》	[美]纳塔莉·萨维奇·卡尔森/著；王宗文/译	新蕾出版社
	《少年嘎玛兰》	李潼/著	湖北少年儿童出版社
	《少女的红发卡》	程玮/著	江苏少年儿童出版社
	《天使雕像》	[美]E.L.柯尼斯伯格/著；郑清荣/译	新蕾出版社
	《通向特拉比西亚的桥》	[美]凯塞琳·帕特森/著；庄细荣/译	人民文学出版社
	《万物简史（少儿彩绘版）》	[英]比尔·布莱森/著；严维明/译	接力出版社
	《我要做个好孩子》	黄蓓佳/著	江苏少年儿童出版社
	《巫师的沉船》	班马/著	湖北少年儿童出版社
	《西雅图酋长的宣言》	[美]西雅图酋长/文；柯倩华/译	河北教育出版社
	《夏洛的网》	[美]E.B.怀特/著；任溶溶/译	上海译文出版社
	《想念梅姨》	[美]辛西娅·赖伦特/著；李文俊/译	浙江文艺出版社
	《橡树上的逃亡》	[法]蒂莫泰·德·丰拜勒/著；刘英华/译	新蕾出版社
	《小河男孩》	[英]蒂姆·鲍勒/著；麦倩宜/译	新蕾出版社
	《腰门》	彭学军/著	二十一世纪出版社
	《印第安人的麂皮靴》	[美]沙伦·克里奇/著；王玲月/译	河北教育出版社
	《银顶针的夏天》	[美]伊丽莎白·恩赖特/著；王昕若/译	新蕾出版社
	《有老鼠牌铅笔吗》	张之路/著	浙江少年儿童出版社
	《造梦的雨果》	[美]布莱恩·塞兹尼克/著；黄觉/译	接力出版社

后　记

阅读是读者与文本互动建构意义的过程与状态。分级阅读通过建立测评体系将阅读水平与书籍级别相匹配，为读者挑选适合其能力的阅读素材。分级阅读是舶来品，无论是研究层面还是应用层面，呼吁与质疑都伴随着它的本土化发展。

作为"书香中国·全民阅读推广丛书"第二辑之一，《分级阅读：读物提升幸福》聚焦于提升阅读素养与阅读能力，梳理阅读的认识与探索之路，厘清分级阅读的价值与意义，探讨中西分级阅读的异同，提出分级阅读的实现途径，同时揭示数字阅读时代的分级阅读发展。书中还特别附上了分级阅读研究方面优秀先行机构的部分成果与书目，从中可知晓该领域研究进展，也通过具体的书目给读者提供阅读参考。

本书由四位著者通力合作完成：金陵图书馆副馆长尹士亮，金陵图书馆事业研究部主任李海燕，东南大学建筑学院图书馆馆员王成玥，南京中医药大学图书馆馆员蒋小峰。第二章及全书统稿由尹士亮完成；绪论、第一、三、六章由李海燕完成；第四、五章由蒋小峰撰写；第七章由王成玥撰写。全书插图由李海燕、蒋小峰完成。

作为分级阅读的探索者，我们深知还有很多需要本书汲取的理论与实践，存在缺憾与不足，但希望通过这本书，引导读者的阅读路径，有的放矢地提升阅读的幸福指数。